# LE RAP

ou

# LA FUREUR DE DIRE

*Tous droits de traduction, de reproduction
et d'adaptation réservés pour tous les pays.*
© *Éditions Loris Talmart, septembre 1990.*
*ISBN 2-903911-29-0*

George LAPASSADE
Philippe ROUSSELOT

# LE RAP

ou

# LA FUREUR DE DIRE

ESSAI

ÉDITIONS LORIS TALMART
9, rue de Médicis
75006 PARIS

# SOMMAIRE

INTRODUCTION .......................................... 9

**Première partie : Aux sources du rap** ................ 19

*CHAPITRE PREMIER : LA MUSIQUE JAMAÏ-CAINE* ................................................. 21

   1. Une musique sans musiciens ...................... 21
   2. Rap et reggae, les *B.boys* ne sont pas des *rude boys* ................................................. 24
   3. 1979 : *Rapper's delight* ou le sens de la fête ... 28
   4. De la fête à l'industrie culturelle ................ 30

*CHAPITRE II : LES LAST POETS* ................ 32

   1. La poésie du ghetto ................................ 32
   2. Le ghetto des années 80 .......................... 35
   3. 1982 : *The Message*, ou le sens du discours .. 36

*CHAPITRE III : LA MUSIQUE NOIRE AMERI-CAINE* ................................................. 42

   1. *Soul music* : noir et fier de l'être ............... 42
   2. Radio et musique noire ........................... 44
   3. Funk : je danse donc je suis .................... 46
   4. 1988 : *Don't believe the hype* .................. 50

*CHAPITRE IV : LA NOIRCEUR DU RAP* ...... 52

   1. Les *dozens*, ou les malheurs de ta mère ...... 54
   2. La parole du macaque ............................ 56

3. L'effet de signalisation .................... 58
4. Le mot comme coup de poing ............ 63
5. Un combat sans pitié ..................... 65

## CHAPITRE V : L'EGLISE DE LA TRANSE .. 68

1. Le *preaching* ............................. 68
2. Raconter l'histoire ....................... 72

**Seconde partie : Les thèmes** ..................... 77

## CHAPITRE PREMIER : LA RELIGIOSITE .... 79

1. Présence de Dieu ........................ 79
2. Message et prophétie .................... 80
3. Syncrétisme et culture mondiale .......... 82

## CHAPITRE II : L'ENTREE DANS LE RAP .... 89

## CHAPITRE III : LE MESSAGE ET SON HERAULT .................................... 93

## CHAPITRE IV : LE RAP EN ACTION ......... 96

## CHAPITRE V : RAP ET POLITIQUE .......... 100

**CONCLUSION** ...................................... 107

**GLOSSAIRE** ........................................ 112

**BIBLIOGRAPHIE** .................................. 118

**DISCOCRAPHIE** ................................... 121

**FILMOGRAPHIE** .................................. 125

# INTRODUCTION

Le rap est un genre musical ; il fut associé très tôt — dans les ghettos où il trouva son origine — à une démarche plus générale : autour de lui satellisent des façons de s'habiller et de danser, des attitudes, des lieux de rendez-vous privilégiés et bien sûr les tags, ces graffiti qui couvrent les murs des villes et des rames de métro. C'est ce que l'on appelle la culture hip hop. Sans elle, il n'y pas de rap ; elle le contient, et non l'inverse.

Le mot rap vient de l'américain *to rap*, c'est à dire bavarder, raconter n'importe quoi, « jacter ». Certains philologues américains (R.L. Chapman, 1987) lui donnent une origine plus argotique, et en font l'abréviation probable de *rapide* ou de *repartee*. Quoi qu'il en soit, rap, rapper et rappeur font aujourd'hui partie du vocabulaire de la jeunesse.

Le *rap song*, ou rap, c'est la diction, mi-parlée mi-chantée, de textes élaborés, rimés et rythmés, et qui s'étend sur une base musicale produite par des mixages d'extraits de disques et autres sources sonores. Cette pratique est apparue de manière explicite et désignée, étiquetée en tant que performance de rue, au cours des années 70, à New York.

## Le rap américain

Le premier enregistrement sur disque, en 1979, a été précédé d'une période de formation que l'on peut faire débuter en 1973. La musique populaire jamaïcaine fut le facteur déclenchant d'un genre qui ne demandait qu'à s'épanouir depuis les années de la militance noire américaine, et qui plonge ses racines dans le trésor musical noir américain.

Les débuts du rap dans l'industrie du disque sont ceux des musiques de bals populaires. C'est aux discothèques que le rap doit ses premiers succès. En 1982, il prend un tour nouveau : il se radicalise, et les textes dénoncent sans détour le problème noir américain. En dépit des formes variées prises par le rap au cours des années quatre-vingt, ce curieux mélange de danse et de politique reste le trait distinctif de cet art qui s'épanouit aujourd'hui dans un groupe comme Public Enemy.

La généalogie musicale du rap resterait un exercice périlleux si l'on se contentait de rappeler les influences convergentes du reggae, des *Last Poets* et de la musique *soul* ou *funk*. Mode d'expression de toute une partie de la jeunesse noire américaine, le rap plonge ses racines au plus profond de la culture noire. Comme le jazz, le blues, la *soul* ou le *rhythm and blues*, le rap fait partie intégrante de l'art noir américain ; comme eux, il est exploité, vendu, parfois corrompu par l'industrie américaine du disque. Comme eux encore, il restera dans l'histoire de la musique et servira au développement d'autres genres, sous d'autres cieux.

L'importance cruciale qu'y tient la parole, tant dans la manière de dire que dans ce qui est dit, a permis de dégager, en passant, quelques thèmes essentiels du rap. Mais cette thématique est-elle en propre celle d'un art populaire noir américain ou bien est-elle celle du rap considéré comme un art à vocation universelle ? En d'autres termes, le rap peut-il vivre ailleurs que dans les ghettos noirs américains ?

**Le rap français**

Contrairement à ce qui s'est passé aux Etats Unis, le rap français n'a pas commencé dans la rue. Le modèle du rap américain y a été transporté alors qu'il était déjà passé de la rue à l'industrie culturelle. En France, dès le début, on a rappé surtout en anglais et on s'est directement orienté vers les médias et le show, avec cependant des exceptions liées au fait que la scène française du rap restait essentiellement limitée à des manifestations populaires, parfois en plein air, ou de Maisons de la Jeunesse et de la Culture, où la place reste ouverte à l'improvisation et au contact festif avec les publics, ce qui est en train de changer.

On peut distinguer, dans le développement du rap français, deux phases, avec un décalage dans le temps par rapport à ce qui s'est passé aux Etats Unis.

La première période commence dans la banlieue de Paris en 1983 après l'échec d'une tentative faite pour le lancer dans la capitale en octobre 1982. Cette période est marquée notamment par l'influence d'Afrika Bambaataa et la fondation d'une branche française de la Zulu Nation. C'est aussi le temps du hip hop [1], avec la *Break Dance* dans les rues — où se forma l'actuelle génération de rappeurs. On appela *smurf* cette danse, et l'on peut dire qu'à cette époque le smurf a occulté l'importance du rap américain, qui lui était cependant nécessaire en tant que base musicale et rythmique de la performance.

Un article brillant de Bachmann et Basier, qui date de cette époque, illustre parfaitement cette situation [2].

---

1. Avec, à l'époque, les émissions de Sydney. Celui-ci vient de faire en juin-juillet 1990, une rentrée remarquée avec le camion du rap de la FNAC.
2. Ces deux ethnologues de la Courneuve assistent à une fête populaire au cours de laquelle on a organisé un concours de smurf avec, dans le public, un rapeur, johnny Go. Celui-ci s'adresse à l'un des concurrents, Junior, décrit son entrainement, annonce sa performance... Et les deux ethnologues, tout en enregistrant ce rap improvisé en français, qu'ils analysent, s'en servent surtout pour parler du smurf en tant que « culture », et non du rap comme on ferait aujourd'hui. Ils reproduisent ainsi l'occultation du rap par le smurf, ce qui est un trait essentiel de cette époque, et qui se retrouvait également dans les émissions de Sydney à la télévision. (Backmann et Basier, 1985).

Dans cette phase toujours, le rap français s'est peu développé malgré l'activité de créateurs importants comme D.Nasty (un Disc Jockey prestigieux, qui fut « ZULU King » par la volonté de Bambaataa), Lionel D. (qui vient de produire avec D.Nasty un album intitulé « Ya pas d'problème »), Johnny Go, Destroy Man etc... En 1983-84, des jeunes Antillais faisaient du rap à Radio FMR, de l'Université de Paris VIII.

La deuxième période du rap français vient de commencer (en 1989-90). Actuellement, le public du rap, si l'on en croit la grande presse, s'élargit en direction de ce que les anciens Zulus de stricte obédience appellent « la racaille » et décrivent volontiers comme les « pagailleurs » ou les « dépouilleurs ».

Il y a une sorte de climat médiatique, de « scandale » aujourd'hui autour du rap français : un grand quotidien du soir classe les groupes Suprême NTM — de Saint Denis — et Little MC — de Vitry — au même plan que certains groupes délinquants de la grande banlieue qui font parler d'eux par des actions assez spectaculaires. Un climat analogue accompagna, il y a trente ans, les débuts du Rock.

Ce rap français de la deuxième génération n'est plus seulement l'affaire d'individus compositeurs et rappeurs ; il est produit par des groupes de plus en plus nombreux, surtout dans les banlieues. Parmi ces jeunes, certains cultivent l'art très ancien de l'improvisation. Mais il faut assister à certaines Zulus-parties, à quelques rares festivals — comme ceux de l'Université de Paris VIII ou d'Orsay — pour les découvrir ou les apprécier. Pendant plusieurs années, Lionel D., sur Radio Nova, leur a donné l'exemple. Il est considéré par les plus jeunes un peu comme le fondateur du rap français.

Pour beaucoup de ces jeunes qui ont aujourd'hui autour de vingt ans, le hip hop a d'abord été vécu vers 1983 comme une mode, au début de leur adolescence, qui fut pour beaucoup le temps de l'entrée dans l'univers Zulu.

Ils découvrent aujourd'hui que ce n'était pas seulement une mode mais une culture, et ils manifestent le souci de la comprendre, d'en connaître les origines et les fondements. Cette préocupation, que l'on retrouve dans certains textes de rap, tient au fait que ce courant est devenu un élément d'identification collective, en tant qu'identité de style, comme disent Dick Hebdige et les sociologues de Birmingham [3], pour certains jeunes « blacks » et « beurs » de la deuxième génération, ainsi que pour d'autres enfants de l'immigration, portugaise par exemple. Des jeunes français « de souche » se retrouvent parmi ces jeunes issus de l'immigration, dans ce mouvement dont le slogan a été « black, blanc, beur » (qui est aussi le nom d'un groupe de danseurs du hip hop).

C'est là un mouvement plus créatif d'un point de vue culturel (n'oublions pas que ces rappeurs écrivent et interprètent leurs textes), et plus autonome que ne le fut le mouvement associatif des beurs vers 1980, plus universaliste aussi et plus porteur d'une intégration impliquant en même temps une affirmation de la différence (une « différence » qui n'est plus la « différence » culturelle de leur parents).

Ce rap français tend à se différencier de plus en plus du rap américain : « nos problèmes ne sont pas ceux des américains », disent les rappeurs français.

On a ainsi l'impression aujourd'hui que ce rap français de la deuxième vague est à la recherche de nouvelles voies, plus spécifiques. Ce rap, qui connaît en ce moment un nouveau départ plein de promesses, qui devient un mode d'expression largement répandu chez les jeunes, va t-il réussir auprès d'un public plus large ? Il semble bien que oui, et que 1990 soit l'année de la reconnaissance.

L'enjeu c'est, bien sûr, un nouveau souffle dans la culture musicale d'aujourd'hui. Mais c'est aussi, et en même temps,

---

[3]. Sur l'identité de style, G. Lapassade, Groupes spectaculaires et identité de style, *Rap interfacs*, juin 1990.

l'intégration à part entière des producteurs de cette culture, et de leur premier public, dans notre société.

S'il n'en était pas ainsi, on assisterait probablement à un mouvement comparable a celui qui a marqué l'évolution du rap américain vers une rupture sociale et politique qui n'était pas inscrite dans le rap festif de la première génération.

L'expression de cette rupture sociale n'est pas encore accomplie chez nous, et c'est ce qui explique le ton actuel du rap français : en dépit des appels, assez conventionnels, exigés par la règle du jeu, à la révolte absolue, à la rupture, ce rap exprime encore, pour le moment, tout autre chose que l'actuel rap américain.

**La nouvelle poésie orale des métropoles**

Si le rap est le plus souvent défini comme un nouveau genre musical, on peut le considérer comme une nouvelle forme de poésie orale : c'est une forme urbaine et moderne alors que, en général, la poésie orale existait surtout dans les sociétés traditionnelles. Indiquons rapidement quelques uns des traits universels de la poésie orale qui vont se retrouver dans le rap.

Elle implique d'abord, souvent, chez le poète, la capacité d'improvisation au milieu d'un public participant, auquel il s'adresse. C'est là une tradition qui n'est pas perdue partout : elle reste très vivante au pays basque avec ses versolari, en Corse, dans le Salente, où ces pratiques impliquent des concours, des joutes poétiques au cours desquelles des individus ou des groupes se lancent des défis. Cette pratique du défi se retrouve dans le rap.

« Mais quand on parle de chanson, écrit Adinolfi, il n'est pas difficile d'établir de quel genre de poésie il s'agit. L'attention se porte alors sur le langage et l'usage qui en est fait. Un artiste accèderait à la poésie seulement quand sa manière d'utiliser les paroles parvient à forcer les limites du langage, en lui accordant une fonction qui, normalement, n'est pas la sienne ». C'est seulement ainsi que, selon Greil Marcus, « l'artiste arrive à ressourcer notre vie à ces ressources linguistiques que nous avons perdues, ou détruites ».

Le rap utilise le langage de tous les jours, s'approprie des codes linguistiques qui se font et se défont dans la rue. Mais le rappeur les sort de leur quotidienneté et leur accorde une nouvelle force grâce à des techniques qui sont typiques de l'oralité formalisée, c'est à dire poétisée, telles que la rime, le rythme, ou cette formulicité dont parle Adinolfi (*formulaicità*).

On a fait, pour le rap français, une objection : n'y aurait-il pas un problème de rythme, interne à la langue française ? Cette objection, nous semble t-il ne condamne pas d'avance le rap français ; elle le condamne simplement à être différent du rap des langues américaine ou anglaise.

La voix joue un rôle essentiel dans la production, ici et maintenant, de toute poésie orale, qui toujours est performance. Faire du rap, ce n'est pas seulement être capable de produire des textes, et — pour les meilleurs — d'improviser ; c'est aussi accéder à une certaine forme de diction et de scansion des textes, une manière de se servir de la voix ; comme dans la chanson, mais autrement, puisque le texte de rap est dit, et non pas chanté, au sens habituel du terme. Et cette performance implique également, souvent, une sorte de co-production interactive des oeuvres orales par les auteurs et les auditeurs.

**Le griot et le majdoub**

On pourrait à cet égard, comparer la tradition du rap — à propos de laquelle on évoque souvent les griots — à la tradition maghrébine du fameux *majdoub* (le ravi, l'illuminé, le fou de Dieu en état de transe permanente). Le poète des rues et des souks, dit et improvise souvent ses poèmes, en arabe dialectal rythmé, en s'accompagnant d'un tambourin, s'il n'a pas un petit orchestre à sa disposition, pour ses spectacles et ses liturgies.

Il se décrit, indique les conditions de sa production poétique et parle de la vie quotidienne de ses contemporains, dans un monde en crise : trois thèmes que nous allons retrouver et explorer dans le rap. On pourrait ainsi définir une poésie orale majdoubienne. Cette notion pourrait nous aider à cerner une dimension essentielle du rap, en montrant sa parenté avec une longue chaîne de traditions populaires qui se retrouvent un peu partout et qui remontent très loin. Les rappeurs ont renoué, par de multiples médiations, avec cette antique tradition de poésie orale improvisée.

On peut, avec P. Zumthor, séparer quatre niveaux de l'oralité poétique :

— Une oralité primaire et immédiate, ou pure, sans contact avec l'écriture, qui est la poésie des sociétés sans écriture ;

— une oralité dite « mixte » parce qu'elle coexiste avec l'écriture, mais dans un monde où l'influence de l'écriture est partielle, comme par exemple dans certaines sociétés du tiers-monde, où l'alphabétisation n'est pas répandue ;

— une oralité « seconde » par rapport à l'écriture installée au point que la culture première est maintenant écrite, et qu'il existe une culture de lettrés ;

— une oralité, enfin, que l'on qualifiera de « médiatique » parce que le disque, les cassettes, la télévision etc... y jouent un rôle essentiel. C'est, bien sûr, entre autres, le cas du rap, lorsqu'il passe de la rue à la scène des spectacles fermés et de l'industrie culturelle.

**Le rap comme performance**

On ne peut réellement connaître le rap si l'on s'en tient à la seule lecture des textes, les *lyrics*, que l'on peut trouver sur les pochettes de disques, et dans les cahiers de rap, pour autant que les rappeurs acceptent de les mettre à notre disposition.

Il faut toujours, par l'audition des enregistrements et des concerts, par les documents audio-visuels qui contribuent à leur diffusion, re-situer ces textes dans l'ensemble de la performance par lequel le rap se définit : la base musicale et rythmique, l'usage que le rappeur fait de la voix, la gestualité, la présence de danseurs et d'autres partenaires sur la même scène.

Ces limites de la découverte du rap par l'écrit étant rappelées, encore faut-il rajouter que les traductions de rap américain que l'on trouvera dans ce livre donnent un texte « incomplet » : rendre la rime par assonance aurait conduit à trop s'éloigner du texte ; de plus l'américain courant, et surtout l'argot, n'ont pas toujours d'équivalents en français, car ils correspondent à des traits de civilisation inconnus chez nous. Mais le rap sera toujours à l'étroit dans un livre. Nous espérons seulement contribuer à le mieux faire connaître.

Pour ce faire, nous commencerons par examiner quelques sources américaines du rap : la musique jamaïcaine, les *Last Poets*, le funk, la poésie des ghettos, le *preaching* des églises de la transe. Nous dégagerons ensuite quelques thèmes fondamentaux du rap américain et français : religiosité, égocentrisme, politique...

---

Nota : Les mots anglais suivi d'un astérisque sont collationnés dans un glossaire situé en fin de volume.

# PREMIERE PARTIE :
# AUX SOURCES DU RAP

*Aux origines du mouvement, les influences d'ordre artistique peuvent être grossièrement ramenées à un tryptique : la musique jamaïcaine, le mouvement militant des* Last poets *et la musique noire américaine. A ces sources proprement dites, s'ajoutent les traits culturels noirs américains,* dozens *du ghetto ou* preaching *du pentecotisme.*

# PREMIÈRE PARTIE

## LES SOURCES DU MAL

# Chapitre premier

## *La musique jamaïcaine*

### *1. Une musique sans musiciens*

L'influence jamaïcaine est évidente à l'oreille : il suffit pour cela d'écouter certains *reggae songs*, ceux des Musical Youth [1] entre autres, pour avoir l'impression d'entendre du rap avant l'heure. Mais ce n'est pas tant le reggae, genre musical et produit commercial bien connu des oreilles occidentales, qui est à l'origine du système rap, que la musique populaire des campagnes jamaïcaines.

Lors des fêtes municipales, dans l'arrière-pays jamaïcain, des camelots musicaux sillonnent les contrées avec pour tout bagage une discothèque portative, la *disco-mobile* ; après avoir attroupé suffisamment de monde, ils enclenchent l'appareil. Ne se contentant pas de laisser la musique suivre son cours, ils en bouleversent le déroulement naturel par diverses manipulations manuelles (ralentissements) ou électroniques (chambre d'écho), puis agrémentent l'ensemble de commentaires improvisés. Le discours devient le centre de l'attraction, et fait la renommée de l'improvisateur. Celui-ci transcende son état de simple boute-en-train pour devenir griot, conteur, poète.

---

1. Musical Youth, *Different style*, WE 461 25-0381-4.

Cette technique d'intervention et de re-création d'un fond musical, le *dubbing**, devint très vite un art populaire, avec ses vedettes et ses écoles. Les premiers enregistrements de I-Roy, U-Roy ou Jah Woosh influencèrent directement le reggae moderne, de Steel Pulse à Bob Marley. A la sonorisation proprement dite, vient s'ajouter la parole : à l'aide d'un micro branché sur l'appareil, l'artiste improvise ; c'est le *talk-over**, formule elliptique qui signifie « parler par dessus la sono ». Ce genre d'intervention orale, mi-parlée mi-chantée, s'appelle aussi le *toasting**, le « salut ».

Cette forme primitive du reggae passa rapidement aux Etats-Unis, et en particulier dans les rues des ghettos. Toutes les techniques de piratage sonore et de mixage mises au point par les rappeurs peuvent être considérées comme l'amélioration du *dubbing* jamaïcain : c'est le *sound-system**, l'ensemble-son.

Celui-ci, une fois américanisé, peut être ramené à une technique de duettistes : d'un côté le *selector*, qui passe disques sur disques sur les deux platines du *sound-system*, de l'autre le *M.C.**, ou *Maître de Cérémonie* qui improvise plus ou moins ses textes. Du *sound-system* est sortie la figure centrale du rap : le *D.J.**, ou *disc-jockey*.

A l'origine, un *disc-jockey* est un animateur de radio : il annonce les disques avant de les passer à l'antenne. Puis le mot en vint à désigner celui qui menait les mêmes opérations dans les discothèques. Principalement posté aux tourne-disques, le *D.J.* fut longtemps considéré comme « l'auteur du son », le responsable des mélanges et des effets sonores. Ce en quoi il se rapprochait assez des premiers héros du *dubbing*. Par assimilation ou confusion, *D.J.* est devenu, au fil du temps, synonyme de *M.C.*. Seuls les puristes s'en offusquent encore. Très vite, la notion de DJ s'est épaissie de façon assez cohérente pour donner un verbe, *to DJ*, et son gérondif, *DJing*. Ce qui importe, c'est qu'au-delà des mots au sens très lâche, le rap en tant que prestation est fondé sur une équipe (*team*). La création des lignes sonores impose une telle concentration qu'il faut se partager le travail ; l'un aux disques, l'autre au micro.

C'est principalement à Kool Herc (Clive Campbell) que l'on doit, dès 1973, l'introduction du *toaster* dans la culture noire new-yorkaise. Fameux *D.J.* jamaïcain ayant fait ses classes à Kingston, on lui attribue la paternité des premières formes de rap. C'est lui, en effet, qui américanisa la diction, en substituant le langage américain au pidgin jamaïcain. Il créa dans le Bronx d'imposants *sound-systems* et, inspiré par son expérience jamaïcaine, il fut le pionnier, l'initiateur, des techniques de reconstitution (*break\** ou *break-beats*) et de mixage. Il se fit rapidement épauler par des rappeurs, placés au micro pendant qu'il officiait sur les platines ; avec Coke-la-Rock et Clark Kent, il créa la première équipe. Légende vivante dans les clubs du Bronx, il se retira du circuit après une rixe au couteau qui le laissa handicapé de la main droite.

Les influences les plus notables de la musique jamaïcaine se matérialisent par le genre *raggamuffin\**, où le rap se distingue par une élocution et une déclamation rappelant une sorte de pidgin ; mais on prendra garde de ne pas le confondre avec le vrai pidgin de Jamaïque [2]. Cette diction, qui a le grand mérite de donner aux rappeurs l'illusion d'un dialecte noir, est particulièrement difficile à comprendre. Elle est souvent le fait des groupes à tendances intellectuelles, comme Shinehead ou les Divine Styler :

*I swing when I talk dem ya lyric notice/ the timing direone hes a don but selassie/ is the king I and I born black* [3].

Les Fat Boys ont fait un rap dans le même registre linguistique :

*T'ing nah go so! True you see me little an' so so so! Body more bigger ! Me nah 'fraid ah Rambo ( Les choses sont pas comme ça!*

---

2. Constant, 1982, pp 22 et 77.
3. Divine Styler, *Word Power*, *It's a black Thing*, Epic 4661452.

*C'est vrai que tu me trouves petit et tout ! Avoir un corps plus gros ! j'ai pas peur de Rambo)* [4].

On note dans ces courts passages les traits spécifiques de ce travail linguistique qui fait sauter les copules, identifie pronoms et possessifs, qui substitue au *the* canonique anglo-saxon un *d* mouillé supposé faire plus africain. Les Fat Boys, Public Enemy, et Afrika Bambaataa font à l'occasion usage de ces tics « art nègre », qui facilitent parfois la prosodie ; les syllabes y sont détachées, les accents toniques multipliés. Le rappeur y trouve bien des avantages rythmiques et une sûre occasion de maîtriser son *timing*\*. En outre, si les *dreadlocks* (coiffure typique du mouvement reggae) apparaissent parfois dans les paroles, si les couleurs emblématiques rouge-jaune-vert peuvent encore se trouver sur certaines pochettes [5], le rap américain s'est totalement affranchi de cet art-de-dire pour développer sa propre personnalité. Tel n'est pas le cas du rap britannique, où la communauté jamaïcaine joue un rôle important : il excelle dans le *raggamuffin* [6].

## 2. Rap et reggae : les B.boys ne sont pas des rude boys

Si les techniques récitatives du *toaster* peuvent frapper par leur air de famille avec celles du rap, ce serait faire un grand tort et à l'un et à l'autre que de les confondre.

---

4. Fat Boys, *On and on, T'ing na go so* [Things not go so], Polydor, 838867-2.
5. Professor Griff and the Last Asiatic People, *Pawns in the game*, Accord, 105802.
6. Par exemple, The Demon Boys, *Rougher than an animal*, dans la compilation *Hard as Hell,3*, Music of life, modef-3cd. Cependant, l'influence américaine, dûe à la communauté de langue, est trop forte pour que le rap anglais puisse développer une véritable originalité. Jusqu'à une date très récente, les faux noirs américains y pullulaient et leurs textes évitaient toute allusion aux *suburbs* londoniens.

Kool Herc lui-même, sans doute fatigué d'entendre circuler ce lieu commun qui fait du rap l'enfant du *toasting*, a refusé une telle optique ; il fait remarquer que la greffe de la musique jamaïcaine dans le ghetto aurait fait rejet : « Entre le rap et le reggae, il n'y a aucun rapport. On ne peut implanter le son jamaïcain dans le Bronx, personne ne l'aurait accepté. Aux origines du rap sont James Brown et le disque *Hustler's Convention* des Last Poets » [7].

Il a bien vu le poids des autres influences, ainsi que la continuité de la culture musicale noire américaine. Il se souvient des vieux morceaux de *soul music* des années 50, et notamment du *jive talk\**, cette manière de parler des noirs de l'époque, où se mêlent déformation phonétique et lexique noir. Il s'en souvient d'autant mieux que selon toute vraisemblance, ce *jive talk* a profondément influencé les premiers *D.J.* jamaïcains.

George Clinton pour sa part, estime que le rap descend directement des prouesses des premiers *D.J.* américains des années 50 : ils annonçaient les « tubes » à la radio dans un style oral inimitable. Ces animateurs influencèrent fortement leurs homologues jamaïcains, qui en tirèrent profit pour créer le *toasting*. L'influence profonde de l'Amérique noire sur le reggae a été fort bien analysée par ailleurs [8]. On peut donc estimer que le rap est, par l'intermédiaire de Kool Herc, une sorte de retour aux sources américaines.

De plus, le reggae reste très musical, et la langueur de nombreuses prestations le distingue résolument du rap. Le caractère envoûtant, hypnotique et entêtant du *dubbing* est tout à fait étranger au rap, qui préfère la transe des rythmes endiablés, furieux. Enfin, le reggae fut beaucoup plus politisé que les premiers *rap songs*.

---

7. in : Hager, 1984, 32.
8. Constant, 1982, I.

Cette difficulté, qui consiste à dire que le rap doit beaucoup au reggae, sans toutefois lui ressembler, a gêné plus d'un observateur [9].

La communauté d'esprit entre rap et reggae peut se résumer en trois points.

Tout d'abord, une forte tendance à l'agitation verbale, le besoin de se sentir un virtuose de la parole, et surtout le goût prononcé pour les joutes oratoires entre *D.J.*, où l'on ne cesse de s'apostropher et de crier son nom en guise de défi. Cette tendance égocentrique des rappeurs fut un de leurs premiers traits spécifiques. C'est dans les boîtes de nuit, les parcs publics et sur les ondes des petites radios, le samedi soir, que les *DJ* ont créé cet art de la mise en scène de soi-même.

Ajoutons un besoin spirituel, une mythologie de l'Afrique perdue, trait commun sur lequel nous reviendrons.

Mais le trait le plus notable, l'influence la plus extérieure à la culture noire, c'est sans doute le *sound-system* et toutes ses astuces techniques. Par lui, la musique sans musiciens est inventée.

Outre le choc que peut produire un « concert » de rap, où il n'y a pour tout instrument qu'une batterie de tourne-disques (*deck*) et un micro (*mic*, ou *mike*), il faut bien admettre qu'il y a là une révolution dans la conception de la musique. Parmi les détracteurs du rap, nombreux sont les « mélomanes » qui lui reprochent une absence totale d'invention. C'est le même procès que firent les esthètes

---

9. Hebdige, 1987, 136-7. Dick Hedbige admet que « dans le cas du rap, le tempo de base vient davantage du funk pur et dur que des rythmes jamaïcains, et qu'il est vrai qu'il y a de grandes différences entre rap et reggae ». Il organise son analyse autour de la notion de ressemblances, *similarities*, et propose des points de rencontre privilégiés : rythmique reconstituée à partir de disques, musique dédiée aux pauvres et aux basses classes, audience internationale, implantations dans les quartiers défavorisés. Mais, exception faite du piratage, ces lieux communs s'appliquent à toutes les formes majeures de musiques populaires, tango, flamenco, raï, etc...

aux collages des surréalistes. Mais s'il est vrai que les échantillons appartiennent à « d'autres », et que ce n'est pas en vain que l'on parle d'une technique du piratage, la re-création est évidente.

Le Sugarhill Gang avait été un des premiers à frapper les esprits en proposant une ligne musicale parcellaire et démembrée, et surtout en se servant de courts extraits (*line**) tirés de la musique disco : dès *Rapper's delight* (1979), il lui faisait dire autre chose que ce pour quoi elle avait été conçue à l'origine [10].

Ces formes de ré-appropriation doivent beaucoup à Kool Herc qui fut le premier à élaborer des *riffs** d'une quinzaine de secondes sur des disques de funk. Herc fut incontestablement le grand initiateur de ces techniques où l'imagination le dispute au sens du *timing*. Le *sound-system* mérite sans doute plus d'égards de la part des musicologues : il réintroduit en force dans le domaine musical les notions de citation, de détournement et d'humour.

Les rappeurs américains ont considérablement fait évoluer le *sound-system*, au point qu'ou pourrait parler aujourd'hui de *techno-sound*. On ne peut oublier ici la version sans texte de ce *techno-sound*, que l'on appelle la *House-music** (la musique échantillonnée que l'on peut « faire » sans sortir de chez soi). Elle est née à Chicago et a beaucoup influencé le rap de cette métropole. DJ Fast Eddy, rappeur de Chicago, définit lui-même son art comme du *hip-house*.

Les techniques du *scratch** et du *cut**, inventées en 1975 par DJ Theodor, sont des manipulations manuelles du dis-

---

10. The Sugarhill Gang, *Rapper's Delight (original version)*, (Chic Music), 1979, et *Apache*, Vogue, VG651-600281. Un rap moins connu du Sugarhill Gang, intitulé *Apache*, est un détournement du célèbre tube des Shadows, et un hommage direct à Kool Herc, qui avait lui-même piraté cet instrumental en 1975, et l'avait fait en référence au groupe jamaïcain Incredible Bongo Band, premiers *dubbers* de ce tube international des années 60. Cet exemple montre assez le cheminement des « idées » musicales.

que permettant d'obtenir des effets sonores répétitifs, rythmés, des ralentissements de cadence, des effets de bégaiement parfois lassants, souvent humoristiques.

Enfin, outre ces deux effets classiques, il convient d'ajouter les boucles (répétitions à l'infini d'une courte phrase musicale), empruntées à la musique répétitive de Steve Reich et de Philip Glass, ainsi que les possibilités offertes par l'informatique musicale dont le *sample**, l'échantillonnage, est le plus apprécié par les rappeurs actuels [11]. Ceci est surtout vrai pour les enregistrements en studio.

## 3. 1979 : *Rapper's delight, ou le sens de la fête et du bal populaire*

Les premiers *rap songs* étaient beaucoup moins sophistiqués. Il faut se souvenir des techniques rudimentaires de DJ Flower, qui allait rapper en plein air, dans les parcs de New York, et dont le *sound-system* était alimenté en électricité par un comparse qui pédalait sans relâche sur une bicyclette reliée à une batterie de voiture. Les membres du Sugarhill Gang (S. Robinson, M. Wright) qui donnèrent le premier enregistrement rap en 1979, avec *Rapper's delight*, n'exerçaient leur virtuosité de scratcheurs que sur un fond assez pauvre. Par ailleurs, les paroles avaient pour intérêt de stimuler les danseurs et de mettre en scène la force du rappeur, du *shouter* (hurleur) aurait-on dit vingt ans plus tôt : on y entend même un « *scou-scoubidou* », vieille onomatopée du jazz enthousiaste d'avant-guerre. Les textes n'avaient pour objet que de glorifier le rappeur et le rap lui-

---

11. Pour le techno-sound, on pourra écouter les Stereo M.C.'s, *33 45 77*, BMG260055. On y trouve tout ce qui peut se faire dans le genre. On peut aussi se référer à Public Enemy, *Fear of a Black Planet*, CBS 466281-2, et notamment dans *On the world love jam*, vraie merveille de techno-sound. On ne peut douter de l'intérêt qu'auraient éprouvé Stravinsky ou Prokoviev pour ces techniques de « re-création par citations ».

même. Jamais l'écart entre disque et salle de discothèque ne fut plus mince.

> *I say the hip hop, the hip beat to the hip hip hop, you don't stop rocking to the bam bam boogie, Ah just the boogie to the rhythm of the boogie to be, now what you hear is not a test, I'm rapping to the beat, and me the groove and my friends are gonna try to move your feet, See I am Wonder Mike and i'd like to say hello, to the black, to the white, the red and the brown, the purple and yellow ...*
>
> *Je dis le hip hop, le tempo hip, ah le hip qui bat le hip hip hop, Vous arrêtez pas de vous balancer au boum boum boogie, ah le boogie au rythme du vrai boogie, voilà, ce que vous entendez n'est pas un test, je rappe au tempo, et moi le chef et mes amis on va essayer de vous bouger les pieds, voyez! j'suis Wonder Mike et j'aimerais vous dire hello, au noir, au blanc, au rouge et au brun, au pourpre et au jaune...* [12].

On sent dans ce bref extrait combien le rappeur se présente comme le champion de la danse et de la jactance. Cela rappelle fort les duels que se livrent les *toasters* entre eux, afin de déterminer, public à l'appui, quel est le meilleur, le plus endiablé. Le mot *boogie**, l'onomatopée *bam bam*, les répétitions de *hip*, les incantations à la « chaude ambiance », autant de signes du *rapper-DJ*, celui qui « déménage ». *Wonder Mike** pourrait se traduire par Micro L'Enchanteur ; tout un programme!

Mais c'est davantage un programme de bal populaire qu'un programme politique : nous sommes loin des productions actuelles. L'expression « nous allons essayer de vous remuer les pieds » rattache *Rapper's delight* aux productions de funk et de *dance music* de l'époque (nous y reviendrons).

Néanmoins, la fougue, la fureur des rappeurs, leur art de la diction et du rythme, leur font mériter, dès 1979, le titre de *M.C.**, ce maître de cérémonie grand organisateur des

---

12. Voir note 11.

déchainements du samedi soir, sorte de « Roi des fous » dont la mission est d'animer les soirées carnavalesques.

### 4. De la fête à l'industrie culturelle

Rapper's delight mérite bien le titre de premier rap enregistré, et, avec lui, l'art populaire noir américain définit un genre musical fait pour la fête, le bagout et les mélanges sonores. Il est finalement la reconnaissance par le vinyle d'un mouvement qui depuis dix ans se forgeait une personnalité dans les lieux publics divers, et où Afrika Bambaataa, Kurtis Blow, Spoonie Gee, Melle Mel et Kool Herc s'étaient fait une réputation de vedettes de quartiers. Cette entrée du rap dans l'industrie du disque a quelque chose de contre nature ; comme le *toaster*, le rap était fait pour être vécu le temps d'une soirée. Les lois de l'enregistrement et du commerce vont le forcer à devenir un art.

La période du rap festif est issue des premiers essais de Kool Herc. Par lui se reconnaît la dette, transfigurée mais essentielle, que les rappeurs ont contractée vis à vis des pionniers du *dubbing* et du *toaster*.

Les rappeurs, à la mort de Bob Marley en 1981, éclipseront à leur profit la gloire internationale du reggae. « Il y a une irréductible logique à tout cela. Rap et hip-hop ont eu peut-être des antécédents dans le reggae. Les DJ [jamaïcains] ont fait de la rime parlée dès le milieu des années 60, et posé des jalons rythmiques qui devinrent la mesure du reggae. Mais la nouvelle musique créée par les gamins jamaïcains de la seconde génération dans les ghettos de New York répondait aux besoins d'une autre culture noire, plus large » [13]. On fait ici référence à Kool Herc, bien sûr, mais aussi à Grandmaster Flash, né dans les Barbades antillaises.

---

13. McCann, 1990.

Finalement, lorsque Jimmy Cliff, maître du reggae, déclare : « le rythme du reggae vient de la *soul music*, mais c'est du reggae » [14], il résume à merveille le mécanisme de création des genres. S'il est vrai que les influences originelles ont leur importance, il convient de les laisser à leur place, qui parait finalement mineure. Le rap doit bien quelque chose au reggae primitif, mais c'est du rap. Les *B.Boys*\* ne sont pas des *Rude Boys*\*.

---

14. in : Constant, 1982, 31.

## Chapitre II
### Les Last poets

#### 1. La poésie du ghetto

Dans le courant des années 70, les trottoirs des ghettos américains virent arriver des héros d'un nouveau genre. Par groupes de quatre ou cinq, des chanteurs accompagnés de percussions et parfois d'un saxophone aux *riffs* espacés s'installaient au coin des rues et se lançaient dans des chansons militantes, dont l'Homme Noir était le héros. Ici encore, une simple écoute vaut tous les discours [1]. Ce que le rap doit aux *Last Poets* apparait alors d'une manière éclatante : la parole, le mot, sont le fondement de ces prestations qui, pour les oreilles de l'époque, tiennent davantage de la litanie que de la chanson. La musique est ravalée au rang de ligne mélodique. Tout est soutenu par la scansion, où l'accent tonique tient le rôle habituellement échu aux percussions.

Les thèmes abordés par ces poètes de la rue déclenchèrent un choc dans l'esprit des jeunes auditeurs. On les retrouve dans la plupart des raps actuels : la ville considérée comme jungle, l'homme noir en quête d'une dignité perdue, le choix d'un lexique qui est celui du ghetto, l'abondance d'argot et de jurons, l'appel à la révolte, à la prise de conscience ;

---

1. On pourra écouter : Last Poets, cell 6101dkf.

enfin, les noms patronymiques des *Last Poets*, Alafia Pudim, Omar ben Hassen, Abiodun Oyewole se donnent comme le signe d'un rejet de l'américanité au profit d'une Afrique et d'un Islam considérés comme les racines du noir américain. Les textes et l'art consommé du parlé-chanté de ces artistes restent à étudier. Leur renommée fut confidentielle, mais elle a profondément marqué la mémoire des noirs du ghetto.

*(...) Que la noirceur soit en toi, qu'elle filtre au travers du rouge du blanc et du bleu, elle est le rêve d'une forte civilisation noire qui avait fleuri autrefois et grandi. Hé ! Debout les Nègres ! Ou vous y passerez tous ! Tu te noies dans la glaire du crachat de l'homme blanc, tu te reposes à bavasser dans une buée de merde, et tu peux rien faire pour sauver ton cul noir, pauvre mec, tu sussotes ta cigarette au menthol vers minuit, tu discutes sans fin pour savoir pourquoi la Grosse Pomme est si loin, t'as jamais pu en mordre ta part, de qui te fous-tu ? de moi, de toi ? Debout les nègres ! ou vous allez tous y passer ! (...) Assis au coin de la rue avec ton esprit fixé au postérieur, membre d'honneur des Nègres Anonymes, ne sachant jamais quel sens va prendre ta vie qui fait le trottoir, faire une passe pour une pauvre andouille qu'a le cul blanchi, Que la Multitude se lève demain matin, pour le Futur, le Grand Homme Noir, Amen !* [2]

Les rappeurs ont une dette évidente envers eux, et le reconnaissent volontiers : du pionnier Grandmaster Flash aux dernières imprécations de Public Enemy, le lexique des *Last Poets* est intégralement repris. Les meilleurs spécialistes de la culture noire américaine mirent très peu de temps pour établir la filiation [3].

En écoutant *Wake up, niggers !* (Debout les Nègres !, *wake up* : réveillez vous), une de leurs plus belles prestations, on est saisi par la technique de composition du texte : le rôle de la rime y est essentiel ; bien au-delà du simple plaisir prosodique, elle crée la ligne rythmique. Le mot

---

2. Idem, *Wake up, Niggers*. Ce texte est un défi à la traduction. Nous avons abandonné le projet de traduire en rime tous les extraits à suivre.
3. Le Roi Jones, 1986, 97.

placé en assonance est régulièrement appuyé par rapport aux autres : il est ainsi mis en valeur et sert à la relance du vers suivant. Les rappeurs furent impressionnés par cette virtuosité, à vrai dire confondante : elle devait les marquer d'une manière définitive. Un grand rappeur sera un grand rimeur : tel est le défi qui fonde le rap. Les *Last poets* ont crée plusieurs repères (exemples tirés de *Wake up Nigger !*) :
— Revendication du chant comme cri (*shout*) :
*Save me a corner, you shout.*
— Utilisation d'idiomes noirs (*y'all*) :
*Wake up niggers ! Or y'all throught.*
— Argot et usage d'argot dans la rime :
*While junkies (connards) are dreaming.*
et
*With candy asses* (cul)
*All masses.*
— Paronomase en chaîne, une des figures de style les plus répandues du rap, qui consiste à accumuler dans un même vers le plus de mots phonétiquement proches :
*Turning tricks with slick dicks.*
— Eloge de l'Homme Noir, totalement idéalisé en modèle historique.
*For the Late, Great Black Man.*

Ces quelques exemples montrent assez que si l'influence musicale et sonore vient du complexe *dubbing-toaster-sound system*, la rage de dire et la dimension sociale et politique du rap des années 80 doivent beaucoup à ces poètes méconnus. En outre, il n'est pas inutile de rappeler que, comme les *Last Poets*, les premiers rappeurs furent des artistes de rue. On se souvient de DJ Flower et de sa bicyclette ; on pourrait citer Grandmaster Flash qui, aux premiers temps du rap, tirait son énergie électrique à partir de l'éclairage municipal.

Cependant, ce fut une influence à retardement. Autant l'ingestion et la transformation des techniques jamaïcaines furent immédiates, autant le passage du rap des *parties* (soirées dansantes) à celui du problème noir est différé jusqu'à la sortie du très célèbre *Message* : il a fallu attendre 1982.

## 2. *Le ghetto des années 80*

Vivre dans les ghettos des grandes cités américaines n'a jamais été un plaisir : juifs, italiens, chinois, irlandais et portoricains en ont fait l'expérience. Mais les ghettos noirs ont toujours été les plus difficiles, ceux aussi où s'est forgé un esprit de classe, proche d'un esprit de race [4]. La longue histoire des ghettos noirs semblait s'enfermer dans une sorte de routine, dans ce sous-genre de la politique sociale que l'on catalogue comme « problème connu », après le temps des émeutes et des drames des années 60 [5].

Les luttes de Martin L. King ou des *Black Panthers* semblaient avoir porté leurs fruits, et promettre un avenir plus radieux à la communauté noire. Dans les années 70, une *middle-class* noire importante vint s'agréger à la moyenne bourgeoisie américaine. Elle s'aligna sur l'*american way of life* et en partagea tous les symboles, hollywoodiens ou journalistiques. Cette génération de noirs américains, américains avant d'être noirs, a donné des hommes d'affaires réputés, des maires aux grandes capitales d'Etats, un ambassadeur à l'ONU, un chef d'Etat-major des armées. Les droits civiques semblaient acquis, et avec eux le triomphe de l'ère démocrate [6].

L'accession de Reagan à la Maison Blanche, et avec elle le retour de L'Amérique à ses valeurs traditionnelles bouleversa l'harmonie. Les valeurs néo-puritaines mirent au ban

---

4. Bastide, 1976, 201.
5. Voir sur ce sujet Lanzmann, 1968.
6. Voir Oppenheimer, 1986.

du champ social la drogue, le sexe, le désordre, l'irréligion et le vol. Le libéralisme économique extrémiste rétablit la lutte pour la vie comme forme idéale de justice. Enfin, la haine de l'impôt conduisit rapidement à la déchéance des droits sociaux. Etre pauvre devint intenable ; vivre dans un ghetto, une condamnation à perpétuité [7].

Le noir du ghetto devint rapidement le prototype du raté. Les habitants de Harlem ou de Wax comprirent que leur destin se résumait à la drogue, la délinquance juvénile, la violence urbaine : c'était un cercle vicieux. Le film de Spike Lee, *Do the right thing*, où le rap tient une place prépondérante, atteste ce désespoir au quotidien. N'oublions pas qu'aux dernières nouvelles, 23 % de la population noire américaine ayant entre 20 et 30 ans est en prison ou sous contrôle judiciaire. Les statisticiens s'amusent à montrer, chiffres en main, qu'un habitant de Harlem a moins de chances d'atteindre l'âge de 65 ans qu'un habitant du Bengla-Desh [8].

Ce revirement de situation particulièrement cruel créa une prise de conscience, dont le rap est une des manifestations. Désormais, les textes décriront la vie au ghetto, et reprendront le combat inachevé de Martin L. King et des *Black Muslims*. En 1982, le rap devient un message. D'abord *dance-music*, il muta en *protest-song*.

### 3. 1982, The Message, ou le sens du discours

C'est à Grandmaster Flash que l'on doit ce rap d'anthologie intitulé *The Message*. Directement issu de la mouvance Sugarhill Gang, surtout par l'intermédiaire de Melle Mel, Grandmaster Flash est un des pionniers du rap. DJ inspiré et vedette du Bronx, il est un des premiers à orienter les

---

7. Voir Sorman, 1983.
8. Voir Brignaudy et Remi, 1990.

techniques de Kool Herc vers un haut degré de sophistication : on commence avec lui à ne plus « reconnaitre » les morceaux piratés. La re-création s'étoffe davantage. Il faut se souvenir que Joseph Saddler, alias Grandmaster Flash, était diplômé d'électronique, ce qui contribua beaucoup à sa réputation de *D.J.* ingénieux. On lui doit notamment l'usage des percussions synthétiques (*beat box*), aujourd'hui largement répandu [9].

Mais la grande nouveauté du *Message* est dans le texte. Dans son titre déjà : un titre ambitieux qui sous-entend un engagement, une thèse. Le titre fait du rappeur un prophète (n'oublions pas que dans l'Islam noir américain, le Prophète, l'Envoyé de Dieu se dit *Messenger*). Une page de l'histoire du rap semble tournée : aux « boum boum » et aux « doo doo di da » succède soudain la description du ghetto.

Placé aux commandes de son *sound-system*, entouré par cinq comparses, les *MC's*, plus connus sous le nom magnifique de Furious Five, Grandmaster Flash compose avec le Message [10] un rap qui figure parmi les plus beaux ; il est canonique, autant pour sa perfection que pour le succès qu'il remporta,et qui fut le succès même du rap. On raconte qu'il fut improvisé en deux heures de travail, en studio, selon les techniques de composition collective qui avaient cours à cette époque (Ce qui n'est pas sans rapport avec « le cadavre exquis » des surréalistes…).

Sa description du spectacle de la rue du ghetto est saisissante : errance et saleté, femmes perdues et toute puissance du protecteur, seule issue pour survivre :

---

9. Comme tous les *D.J.*, Grandmaster aime les disques d'un amour particulier : non seulement pour leur part immatérielle, la musique, mais aussi en tant qu'objets. Il aime à les toucher, les manipuler, les regarder. Ce trait psychologique est caractéristique de tous les vrais *D.J.*. Voir Azoulay & Perrot, 1990.
10. Grandmaster Flash and the Furious Five, White lines (Don't don't do it), Sugarhill, Vogue, VG 503 722001.

*Planté sur le perron, pendu à la fenêtre, j'regarde toutes les voitures qui passent, rugissantes comme si toutes les pièces explosaient, une clocharde qui vit dans un sac, elle mange ce qu'il y a dans les poubelles, c'est plutôt une femme à pédé, quel sale tango, elle traverse la vie et végète dans la rue, le prince charmant perdu depuis longtemps, celui pour qui elle a perdu la raison, la voilà au peep show, elle regarde tous les proxos, elle va pouvoir en raconter de belles aux filles à la maison, elle est venue à la ville et s'est inscrite à l'assurance chômage, il lui faut un mac, elle peut pas s'en sortir toute seule.*

Le jeune noir ne se reconnaît plus dans l'Amérique télévisuelle, où les séries larmoyantes ont une sorte de fonction anesthésiante :

*Son frère tue le temps devant la télé de sa mère, on dit qu'elle en regarde trop, on dit que c'est pas bon pour la santé, All My Children toute la journée, Dallas le soir, on peut même voir les jeux ou le combat de Sugar Ray.*

On retrouve ce thème dans de nombreux *rap songs*, dont le très beau *She watch Channel Zero*, Elle regarde la chaîne zéro, des Public Enemy, qui décrivent eux aussi la femme noire américaine abêtie par son admiration pour des héros sans chair et sans os [11].

Le jeune héros du Message ne voit plus d'avenir dans l'école, trop chère, pas rentable.

*Mon fils qui dit : « Papa, j'veux plus aller à l'école, les profs sont des zéros, tu dois t'dire que j'suis dingue, et les gosses fument des joints, je pense que ça reviendra moins cher si j'arrive à m'occuper, j'ai appris à être balayeur des rues, je danserai sur le tempo, j'trainerai dans les rues, j'porterai chemise et cravate, et j'roulerai avec les macs, car tout vient de l'argent, peux pas travailler pour le plaisir, i'te faut avoir une voiture, sur cette terre de lait et de miel...*

Il rêve de devenir maquereau, et plus encore, de rouler dans une grosse voiture, thème fondamental du rap américain. Son destin est scellé :

---

11. Public Enemy, *It Takes a Nation of Millions to Hold Us Back*, Def Jam, BFW 44303.

*Un enfant est né la tête vide, aveugle aux manières du genre humain, il a un beau sourire mais il fait déjà la gueule, car Dieu seul sait par où tu passeras, tu grandiras dans le ghetto, vivant en seconde catégorie, tes yeux chanteront un chant de haine profonde, le prix à payer, là où tu vis ressemble à une super grande rue, t'admireras tous les charlatans, les morphinos, les macs, les dealers et les grands faiseurs d'argent, qui conduisent les grosses voitures, qui dépensent des mille et des cents ...*

Après avoir de la sorte dépeint plusieurs tableaux de la vie du ghetto, le chant se termine dans le plus grand désespoir, par la prison, le viol homosexuel, la pendaison dans une cellule.

La plainte hargneuse du refrain a fait le tour du monde :

*Don't push me I'm close to the edge*
*I'm trying not to loose my head*
*It's like a jungle sometimes, it makes me wonder*
*How I keep from going under*
*Ne me pousse pas, j'suis au bord du gouffre, j'essaie de ne pas perdre la tête, des fois ça ressemble à une jungle, et ça m'étonne de voir comment je garde la tête hors de l'eau.*

La plupart des raps, jusqu'aux plus récents, reprendront les thèmes développés par le Message, et souvent des phrases entières. Pour la première fois le rappeur, n'y parle pas de lui. Le *you* omniprésent, ce *toi* à qui le rappeur s'adresse, n'est plus le danseur des folles soirées du samedi soir, c'est l'auditeur, l'individu, la conscience de celui à qui on s'adresse : c'est le jeune noir du ghetto. C'est une grande nouveauté : *you* est aussi important que *I*. Grandmaster Flash décrit la vie de celui à qui il s'adresse. L'héritage des *Last Poets* est ici manifeste, mais Grandmaster Flash va plus loin que ses grands anciens, tant dans la thématique que dans la manière d'user de l'argot [12], qui prend soudain une place essentielle dans la rime et qui, par ses sonorités, son contenu contestataire, ses polysémies chatoyantes accède à

---

12. Voir Rousselot 1989 et 1990.

un nouveau statut. De langage de la rue, il devient langage de la poésie. On y sent de l'excès, une tentative de provocation destinée à remplir le contrat fondamental du rappeur : il dit sa fureur par tous les moyens, et tente de réveiller. *Wake up, niggers !*

Cependant ce rap marque, consciemment, une rupture profonde avec cet espoir des jours meilleurs que le reggae, à la même époque, répand sur la planète entière. Extrêmement moralisateur, Grandmaster Flash est pragmatique. *Ne joue plus les durs à cuire, c'est la prison qui t'attend*, telle est la morale réaliste du Message. Il s'agit de parler au jeune noir, dans sa langue, et de lui montrer ce qu'est le mauvais chemin. Coup de génie de Grandmaster Flash, il réussit à faire danser la planète entière sur un message destiné à une minorité. Sa morale est moins désepérée qu'on a bien voulu le dire : elle est pratique. Elle marquera de la sorte tous les messages à venir par le micro des rappeurs.

On retrouve le même constat, la même colère, chez un digne héritier de Grandmaster Flash, l'excellent Ice-T dans *Drama* [13].

*J'me ballade en cherchant la merde, c'est pas des vannes, une super bombe dans la poitrine, j'ai un neuf milli dans les fouilles...ce soir on rigole pas... on fait brûler la poussière, le volant tourne en tous sens, j'suis dehors toute la semaine, j'en mets toujours de côté, les enfoirés sont pas d'accord, ce soir ce sera leur fête, le moment de payer, mec, la vie c'est le prix...vont tous mourir s'ils ne viennent pas avec leur gilet pare-balles ! je roule à tombeau ouvert, bien sûr la voiture est volée, mais j'suis aveugle, peux pas voir ce qui est mauvais, tout ce que je veux c'est le doré, un paumé dans la bagarre, vraiment trop con pour savoir ce qui est bien — Putain de gyrophares — Lisez leur leurs droits ! Le Drame !*

Ce rap met en scène le prototype du héros défini par le Message : il ne sait que voler et ce n'est pas de sa faute. Il se retrouve au commissariat :

---

[13]. Ice-T, *Power*, Rhyme Syndicate Production, Sire, 25765-2.

*4 heure du mat', lumière en plein visage, c'est le moment, tu connais l'endroit. Les menottes dans la pièce avec le miroir sans tain... « Quelle est ta date de naissance ? », « Quel est ton vrai nom ? », j'me rabats sur mon pseudo, je connais les règles du jeu, s'ils savent pas qui tu es, alors y saurons jamais c'que t'as fait, « tu vas finir par avoir des problèmes fils », j'connais toute cette merde par coeur, j'suis trop futé, « t'as déjà été arrêté avant ? », « nenni, jamais », alors tu vois ? pas de confession, pas de casier ! alors mon pote s'est mis à table, il a tout dit, il a parlé — Fils de pute ! — C'était un indic ! — Le Drame !*

Le récit se termine aussi par la mort dans une prison.

*Maintenant j'suis en taule, j'ai l'air d'un vrai pro, peux plus bouger tant qu'on me dit pas de le faire ! une marionnette dans le grand jeu, une chose institutionnelle, j'serais pas ici si j'avais cultivé mon cerveau, si j'avais appris dans les livres scolaires, plutôt que dans la rue merdique, maintenant tout ce que j'ai, c'est l'air d'un vrai taulard, le coin ici c'est comme un four où la chaleur est emprisonnée, tu dois le salut aux tueurs et aux voleurs, t'es juste un numéro, un homme mort parmi d'autres, vas-y mollo ou t'auras une rouste, dans l'Antichambre de la Mort, ils ont leur chaise toute chaude, c'est pour ceux qui se croient de la véritable élite, la dernière chose que tu vois c'est un prêtre ! — Les lumières en veilleuse — Ta vie prend fin ! — Le Drame !*

Ce rap est finalement une variation sur le thème du Message, celui de l'adolescence perdue, condamnée. Comme le firent plus tard les NWA, Ice-T insiste sur le rapport qu'a le jeune noir du ghetto avec la police, un rapport de force, de haine — *fuck the damn police*, s'écrit-il, enculée de sale police ! — et de complicité due à l'expérience partagée : celle de la rue maudite. Entre rappeurs une concurrence nouvelle s'installe, une course dont le point de départ est le Message. Toute puissance de l'argot, démesure des imprécations, le rap des années 80 forge une nouvelle jurologie [14].

---

14. Sur l'étude linguistique des jurons, voir Montagu, 1967 et Huston, 1980.

## Chapitre III

## *La musique noire américaine*

### *1. Soul music : noir et fier de l'être*

Nous avons vu que via le *toaster*, le rap renoue avec les anciennes traditions du *jive*. On pourrait soutenir sans difficulté qu'avec les *Last Poets*, il renoue avec les chansons militantes de la musique *soul*, Aretha Franklin, Curtiss Mayfield, les Temptations, Marvin Gaye, Isaac Hayes, James Brown, bien sûr, et beaucoup d'autres encore.

Dans *Wake up nigger !* la présence de mots comme *funky* et *cool* atteste non pas l'influence de la musique populaire noire, mais le fait que *Last Poets* et rappeurs sont en elle. Les grandes stars de la musique soul avaient chanté, dans les années 60 et 70, la fierté d'être noir, la nécessité de s'unir et de revendiquer leur dignité d'êtres humains. La filiation est manifeste entre le rap et cette musique *soul*, et le fait que James Brown ait servi tant de fois dans les *lines* et les *breaks* des *DJ* en est une preuve. Quant à sa formule fameuse, « Je suis noir et j'en suis fier », on la retrouve, explicitement ou non, dans tous les textes : elle est le premier des axiomes de la culture hip hop. Il déclara aussi, en 1968 : « Ne terrorisez pas, organisez vous ! Ne brûlez pas, allez à l'école », ce qui est le second axiome de la culture hip hop.

Il faudrait pouvoir citer toutes les chansons de la *soul music* dont on retrouve la trace dans le rap : Otis Reding et son *Respect* que reprend, en l'épelant scrupuleusement, Aretha Franklin, avec *R.E.S.P.E.C.T.* en 1967, « Rage et révolte » lisait-on dans les journaux de l'époque [1]. Les membres de Public Enemy ont su s'en souvenir lorsqu'ils rappent « Prophètes de la rage » ou « Rebelle sans faire de pause », ou quand ils crient :

*Just set my sister free, R.E.S.P.E.C.T. for my sister, Mais laissez donc ma soeur libre, R.E.S.P.E.C.T. pour ma soeur* [2].

Et que dire de ces vieux thèmes d'il y a vingt ans : ceux de Less McCann, *the Truth*, la vérité, *the Shout*, le cri ? Ceux de J.Walker, *shotgun*, le flingue, ou des Voices of East Harlem, *Right on be free*, le droit d'être libre [3] ? Ceux de Nina Simone qui fit danser toute une génération en chantant *Young, Gifted and Black*, Jeune, Douée et Noire [4] ? Ou encore son *love me or leave me*, titre qui annonce une chanson d'amour, mais qui reprend un des slogans des blancs anti-noirs : *love America or leave it*, aime l'Amérique ou quitte-la [5] ?

Il y avait dans la *soul* une subversion par le langage [6]. Le rap en a hérité directement : les enfants des années 70, ceux-là mêmes qui allaient devenir des rappeurs dix ans plus tard, ont été élevés dans le culte et l'omniprésence de la *soul music*.

---

1. Sur Aretha, voir Garland, 1972, 220.
2. Public Enemy, *It Takes a Nation...*, déjà cité.
3. Voir la discographie suggestive de B. Niquet in : Garland, 1972.
4. Nina Simone, *Young, Gifted and Black*, Atlantic 40.323.
5. Nina Simone, *Love me or leave me*, Bethlehem Recording, CA171-14.373.
6. A titre indicatif, on pourra écouter la compilation The Philadelphia International All-Stars, *Let clean up the Ghetto*, Philadelphia International Recordings, y-40-821-198, ou encore l'anthologie d'un groupe extraordinaire : Undisputed Truth, Tamla Motown, 2C 464-98307, où l'on sentira bien l'évolution de la soul vers le funk.

Peut-on seulement traduire *soul music* ? Bien sûr, tout sauf « musique de l'âme ». Ce doit être quelque chose comme « musique propre aux noirs américains ». Dans la bouche ou sous la plume de l'un d'eux, on ne doit guère le trahir en traduisant : notre musique.

## 2. *Radio et musique noire*

La musique noire américaine des années 70 doit être considérée dans une optique dédoublée : celle qui était écoutée par l'Amérique blanche, et celle qui est restée confinée dans le monde noir. Cette situation est d'ailleurs très ancienne ; elle remonte aux premiers temps du jazz et du blues. Elle fut cependant amplifiée dès les années 50 par l'extrême importance prise par les radios dans le marché musical des Etats-Unis. Après la distribution (disques), la diffusion (radio) donnait une arme nouvelle à la censure par ostracisme, aussi bien qu'à la constitution de cercles sociaux se reconnaissant au travers d'une musique. C'était le temps des *underground stations*, les radios souterraines, qui diffusèrent la *soul music* dans les ghettos [7].

La courte histoire du rap a suivi le même cheminement : les producteurs, tels que Russell Simmons, Rick Rubin, Sylvia Robinson ou certaines stations de radios locales, notamment celles des collèges, furent le support de l'aventure du rap ; les textes rap eux-mêmes y font de très fréquentes allusions, stigmatisant d'un côté les radios « du silence » et, de l'autre, se répandant en remerciements pour les stations méritant le « black label ».

*Radio-suckers never play me* ! « les enfoirés de la radio ne me passent jamais », s'indigne Public Enemy [8] ; « Merci

---

7. C'est ainsi que l'histoire de la maison de production Tamla Motown, pour ne citer qu'elle, résume celle de la musique *soul*, qui s'est donné les moyens autonomes de sa distribution et de sa diffusion. Voir Garland, 1972.
8. Public Enemy, *It takes a Nation*, ....

aux radios noires de leur aide pour que la musique rap prenne sa place dans le Langage Universel de la Musique », déclare Professor Griff [9], « un super extra merci aux radios qui dégoisent notre merde » déclarent, dans un style moins pompeux, les N.W.A. [10]. Enfin, Ice-T a fait un rap sur les enfoirés de la radio, *radio suckers* [11], qui résume tout un vocabulaire et toute une thématique : ceux du procès intenté par les rappeurs aux radios qui ont refusé ou hésité à promouvoir le rap des années 80.

*Y a des stations qui s'en foutent, qui ne mettront jamais sur les ondes que de la merde commerciale, ils sont diminués du cerveau, ils n'écoutent pas et n'essaient pas de comprendre ce que j'écris, ils font de la radio dingo, « il faut que les gens s'évadent », mais même si je suis banni, je vends des millions de cassettes ! les enfoirés de la radio ne me passent jamais ! je fais des disques pour la musique pas pour l'argent, à certains d'entre vous ça doit paraître drôle, mais j'ai pas baissé les bras, c'est pas une blague, et mes paroles sont connues pour faire fumer les oreilles, est-ce que les radios peuvent tenir en main la réalité ? non, pas de coupe, pas de décret, pas de censeur, tu peux toujours aller chercher un rappeur en plastique chez un vieil homme de loi, un franc du mètre, faire un disque c'est pas dur, mais faire qu'il signifie quelque chose, ça c'est du boulot, et quand nous le faisons, ils le refusent, alors je leurs dis bande d'enfoirés allez vous faire foutre, on n'est pas à vendre [No sell out, la fameuse expression de Malcom X], on est plutôt fait pour vociférer, et on leur dit pauvres enculés foutez le camp ! Les enfoirés de la radio ne me passent jamais ! « mets les en veilleuse », c'est ce qu'ils me disent, « la Commission n'accepte pas les blasphèmes, ton sujet est trop violent, fais plutôt une chanson d'amour », il vaut mieux faire vrai, allez, j'suis pas un amoureux, j'suis un combattant, un écrivain radical de rimes de rap classé X, y a pas de vendus ici, mec, radio !*

Cette similitude historique avec la musique noire qui a précédé le rap, ne doit pas faire oublier les antécédents musicaux de la musique noire américaine.

---

9. Professor Griff, *Pawns in ...*, cover.
10. NWA, *Straight Outta Campton*, LC 0407 210286, cover.
11. Ice-T, *Power*, déjà cité.

Plus avant, certaines pièces de la *soul music* ou du *Rhythm & Blues* proposent des canevas d'élocution qui annoncent le rap : *Love is strange*, en 1956 [12], mais aussi certains *jives* de ce maître que fut Johnny Otis, comme *The signifyin' monkey* ou *Country Girl* [13]. N'oublions pas que les grands noms des débuts du rap, les Paul Winley, ou les Sylvia Robinson, furent d'abord chanteurs ou producteurs de *soul music*. Il se jetèrent dans l'aventure du rap enregistré pour faire plaisir à leurs enfants !

## 3. Funk : je danse donc je suis

Enfin, on ne redira jamais assez l'influence déterminante qu'ont eu les maîtres de la *funk music*. « Ce n'est pas que les danseurs de break n'aimaient pas des artistes comme James Brown, Chic ou Hamilton Bohannon, qui étaient joués sur les stations radio noires. C'est parce qu'ils *adoraient* le funk que ces gens ont rappé. Et le rythme funk est l'épine dorsale de la culture hip hop » [14].

Outre James Brown, ont influencé le rap, d'une manière déterminante, Prince (à ses débuts), Sly and the family Stone, Earth Wind and Fire, Zapp, et le génial George Clinton, mentor de la musique noire américaine parallèle, grand poète et initiateur de l'esprit *funk*. Il est un des auteurs, avec James Brown, qui est le plus régulièrement piraté par les *sampling* des rappeurs. Il a su y voir l'hommage que lui doivent les rappeurs.

L'influence de cette musique populaire est moins évidente à l'écoute. Le *funk* est plus attiré par les structures musicales classiques, avec ses refrains et ses improvisations instrumen-

---

12. Voir Adinolfi, 1989, 28.
13. A titre d'exemple : Johnny Otis Show, *Cold shot*, Lotus, LOP 14.079. Les Jungle Brothers lui rendent un hommage appuyé avec *Kool accordin' 2 a jungle brother*, dans *Done by the forces*, déja cité.
14. Hebdige, 1987, 141, c'est lui qui souligne.

tales. Si les rappeurs n'ont de cesse de louer Clinton ou Earth wind and Fire, pour ne citer qu'eux, c'est qu'ils ont apporté une contribution essentielle à la musique de danse telle qu'on l'aime dans le ghetto : possessive et libératrice, elle autorise des fantaisies acrobatiques et des exploits physiques impossibles à imaginer dans les salles de bals pour public blanc. De plus, elle s'est toujours donnée comme une forme de libération, comme un affranchissement vis à vis des valeurs traditionnelles de l'Amérique. La danse *funky* a une fonction d'évasion, elle procure un plaisir profond à celui qui la pratique. Le funk est un refuge, un autre monde, une chance à saisir.

Voici ce que chante Clinton en 1978 :

*A c't'époque, Ils m'ont demandé où j'allais, tu sais, moi j'ai dit bon, faut être raisonnable, parce que vous savez j'suis jamais allé très loin de chez moi, avant, et ils m'ont proposé un bon truc, et j'pense que Funkadelica c'est, t'sais, la nation, euh, tu sais, j'voudrais bien vivre ailleurs.*
*Prête la musicallégeance au funk, le Funk-Unis de Funkadelica !*
*Je prête musicallégeance au drapeau de funky, funky, Funkadelica*
*(...) Alors, si tu prends juste le temps, tu verras qu'on a une ligne à tracer, en le faisant j'suis sûr que tu trouveras qu'on est venu pour libérer ton esprit.*
*Que mes pieds ne me fassent pas défaut, voilà une bonne occasion de danser à notre manière...* [15].

Lorsque Bambaataa chante : « *What's the name of this nation ? Zulu, zulu, zulu !* », quel est le nom de cette nation ? Zulu, Zulu, Zulu !, il ne fait que reprendre la thématique mise au point par Clinton. Le titre de l'album de Bambaataa est d'ailleurs révélateur : Attention : le funk est partout ! [16].

Et les Earth Wind and Fire en 1977, dans Ectasy :

---

[15]. G. Clinton, *One Nation Under A Groove*, WB, BSK 3209 ; on prendra garde au mot *funkadelica*, qui sous-entend l'usage de drogues.
[16]. Afrika Bambaataa, *beware (the funk is everywhere)* Records, TLP 1008.

*Take a chance, as you dance, in romance in a trance, to advance and expand, got a dime and a rhyme,... Prends ta chance, fais ta danse, en romance* (jeux de mot : *to romance* signifie se défouler, lâcher la bride à son imagination) *dans une transe, pour t'élever et pour t'ouvrir, j'ai dix balles et une rime...* [17].

Voici un registre et une thématique repris mille fois dans les textes de rap.

Magie, danse, transe, utopie, contre-pouvoir, initiation, code social : le funk est une pièce essentielle de la culture des jeunes noirs américains. Grandmaster Flash n'a pas fait mystère de son obsession pour cette musique où le rythme est roi. On doit au funk des thèmes essentiels du rap d'aujourd'hui : les concepts de *Nation*, de *groove*, de *beat* en sont issus. Le funk a transfiguré la danse de loisirs en création individuelle, spontanée, éphémère comme peut l'être une transe. On ne peut douter que si le rap ne s'était pas développé, le *Rapper's delight* de Sugarhill Gang serait considéré aujourd'hui à bon droit comme du funk.

De nombreuses tendances lourdes du rap sont la continuation des folies de Clinton ou des albums du premier Prince : argot, humour, invention verbale, déformation de l'orthographe classique, goût de la provocation, érotisme et pornographie, couvertures constituant une seconde oeuvre, etc...

La *Zulu Nation*, si étroitement liée au mouvement rap, doit en fait beaucoup à l'esprit funk : Afrika Bambaataa lui-même, fondateur du mouvement, brille indistinctement dans les deux registres [18]. Des mots contre nature comme, chez Public Enemy, *Brainknowledgibly* ou *Pollywannacracka* [19] ne sont que des échos des outrances verbales de Clinton, tel *Promentalshitbackwashpsychosis* ; le *What U*

---

17. Earth Wind And Fire, All n' All, CBS, 82238.
18. Afrika Bambaataa, *The Light*.
19. Public Enemy, *It takes a Nation* ... et *Fear* ...

*waitin' 4* des Jungle Brothers [20] s'aligne sur l'écriture numérique et monolittérale de Prince : *you* devient U, *to*, *too* ou *two* deviennent 2, *for* devient 4 etc... [21].

Le funk des années 70-80 est finalement une continuation de la *soul music*, mais avec toutes les nouveautés sonores que procurent les techniques d'enregistrements. De plus, on sent bien qu'il devance le rap pour l'influencer, dans cette nouvelle façon de dire *tu*. Avec le funk, l'omniprésente *baby* reçoit un coup mortel ; cette « chérie », plus oratoire que réelle, pour qui l'on chantait depuis toujours devient une « poupée » à usage exclusivement sexuel ; la femme idéale est remplacée par la femme de chair ; Bootsie Collins, un des grands prêtres du funk, a largement contribué à systématiser ce *baby* sexuel, réel, au détriment de l'ancien, qui était devenu une figure de style. Lorsque l'on entend chez les Jungle Brothers : « j'ai sorti ma rime à une fille et elle est devenue ma chien-chienne » [22], on a affaire à l'aboutissement du machisme profond que le funk développe depuis quinze ans. De plus, *baby* disparait au profit d'un *you* direct, et dont nous avons déjà vu le rôle essentiel dans le rap qui, pour sa part, a exclu totalement *baby* de son lexique, pour le remplacer par *yo*, eh toi, une apostrophe au masculin, réelle ou stylisée.

Enfin, on ne peut négliger un autre apport fondamental du funk : il est électrique. Les incandescences sonores du rap sont le funk. Des concepts aussi importants que le *sound*, le son, le *noise*, le bruit, la *bass*, la basse électrique élevée à la hauteur de concept pur puisque le rap n'est pas instrumental, la *loudness*, les basses fréquences, autant de notions attachées à la définition du hip hop, et qui sont les purs constituants de ce que l'on appelle le funk.

---

20. Jungle Brothers, *Done by the Force*...
21. Prince adopte d'une manière définitive son écriture monolittérale et numérique dès *Controversy*, en 1981, WEA266950-X1
22. Jungle Brothers, *Straight out the jungle*, in Hewitt & Westwood, 21.

S'il est vrai que le rap vient du funk (au genre musical correspond le substantif), n'oublions pas qu'il est *funk\** (à la qualité correspond l'adjectif).

C'est au funk que le rap doit cette notion essentielle de *beat*, le rythme-tempo-mesure, et avec lui une partie de l'attirail qui a fait la célébrité des rappeurs, la cassette (*tape*) et l'énorme lecteur-radio que le B.Boy porte sur l'épaule (*ghettoblaster*).

### 4. 1988 : *Don't believe the hype*

Si l'on ne peut parler du rap sans faire référence au Message, il semble impossible d'oublier celui qui en est peut-être le plus beau. C'est Public Enemy qui nous l'a donné [23].

*Don't believe the hype*, ne crois pas le *hype*, mot d'argot polysémique qui désigne la force d'une publicité, c'est à dire son caractère accrocheur, trompeur et tape-à-l'oeil ; *hype* désigne aussi la dose de drogue, la seringue, l'aiguille, le camé, le revendeur de drogues dures ; cela signifie encore la tromperie, et encore l'opinion publique, la rumeur. Il est impossible de traduire ce titre ; « te laisse pas intoxiquer par le blanc et tout son cinéma » en constituerait peut-être la meilleure périphrase. « Ne crois pas les média » est une autre approche possible.

Ce *Don't believe the hype* constitue, sept ans après le Message, le prototype du nouveau rap, celui qui reste fidèle à Grandmaster Flash, mais aussi celui qui pousse à son plus haut niveau la colère, la rage, le hurlement. Le *techno-sound* de Public Enemy constitue un modèle du genre : sa sophistication est tout entière au service du stress, du choc qu'ils veulent créer. Leur rime est une perfection.

---

23. Public Enemy, *It takes a Nation*.

*Allez ! une fois pris tu en redemandes, c'est nouveau, regarde un peu ce que je t'apporte, oh le bouton près du volume, parce que j'vis dans les graves près de la basse, allez, mets la radio, ils disent que je suis un criminel, mais alors j'm'étonne de ce que des gens n'ont jamais su que l'ennemi peut être leur ami, leur gardien, j'suis pas un hooligan, je remue les gens et j'efface la folie, j'suis pas raciste, je prêche d'enseigner à tous parce que certains n'ont jamais eu de Numéro Un, pas né pour courir au bout d'un flingue, j'ai pas de licence pour en avoir un, à la minute où ils m'ont vu, ils ont eu peur, je suis la quintessence, un ennemi public, usé, abusé, sans solutions, je refuse de m'énerver, ils l'ont même mis dans les infos, ne te fais pas avoir,... Oui ! c'était le début de mon dernier boeuf, alors le revoilà, un autre vrai défi, mais depuis que je vous ai donné à tous ce petit quelque chose, et on sait qu'il vous manquait, ils me prennent pour un nouveau rigolo, tous les critiques tu peux les pendre, j'veux bien tenir la corde, mais leur espoir c'est le pape, et prie que ce soit pas du vent pour endormir celui qui suit Farrakhan... les écrivains me traitent comme Coltrane, c'est stupide, c'est vrai pour eux, mais moi je suis d'une espèce différente...*

Le texte de Public Enemy perd cette continuité linéaire qu'il avait dans le rap depuis le Message ; il devient moins une histoire qu'on raconte ou des états d'âme qu'on développe, qu'un martellement de mots. Les idées sont courtes, ce sont des flashs sonores et des significations qui fusent, des chocs répétés de mots courts ou longs, dont le seul rapport est parfois phonétique. Paradoxalement, ce sont eux qui ont le message politique le plus lourd de conséquences, et qui font revenir la parole dans le rythme, comme s'il ne s'agissait que de danser. Sans vouloir préjuger de l'avenir du rap, on a l'impression qu'avec Public Enemy, une première boucle est bouclée.

## Chapitre IV

### *La noirceur du rap*

Ces influences d'ordre artistique, rapidement esquissées, permettent d'apporter un début de réponse à notre question : qu'est-ce que le rap et d'où vient-il ?

Mais en rester là serait insuffisant. Comme le blues et le jazz, qui ont donné d'excellents artistes blancs, le rap n'appartient certainement pas à une race et à un pays. Comme pour le blues et le jazz, on ne peut rien en dire tant qu'on ne l'a pas situé dans sa culture d'origine.

Pour cela, nous parlerons de noirceur, traduction de *blackness*. Ce mot apparait chez les *Last Poets*,

*La nuit descend, la lumière du soleil s'éteint, et le noir revient se confondre à tout, et avec la mort du soleil, la nuit et la noirceur deviennent une. Que la noirceur soit en toi* [1].

Il apparait aussi chez Public Enemy :

*Les stations de radio, je questionne leur noirceur, elles se disent noires, mais vont-elles jouer ça ?* [2].

Enfin, le livre fondamental du théologien noir J.H. Cone, le Dieu de l'Opprimé, fait un usage précis de *Blackness* [3].

---

1. in *Wake up Niggers*, déjà cité.
2. Public Enemy, *It Takes a Nation...*, Bring the noise.
3. J.H. Cone, 1975, *The God of the Oppressed*, 1989, trad. fra. : La Noirceur de Dieu.

Il ne dit plus « négritude », ni « afro-américain », ni rien d'autre que « noirceur ». Il semble que ce concept soit encore ce qu'il y a de plus fidèle au rap et à la musique noire américaine.

Cette noirceur, c'est l'expérience historique unique et non partageable de tout un peuple ; c'est le propre de la culture noire américaine. En dépit du respect qu'on lui doit, nous allons être sommaire.

Aussi loin que l'on remonte dans l'histoire et la culture noires américaines, il semble acquis que ce peuple se soit forgé deux armes pour résister à l'oppression comme au malheur. Ce sont la spiritualité et le langage. D'un côté, l'espoir, la force ; de l'autre l'agitation verbale et le code. C'est cette noirceur que nous retrouvons dans le rap.

Une petite digression s'impose ici : nous avons déjà parlé de cette *middle-class* américaine et noire. Celle à qui le rappeur pense fortement lorsqu'il crie : *don't believe the hype*, ou lorsqu'il abomine l'Oncle Tom. Cette classe noire intégrée (ce mot est utilisé aux Etats-Unis depuis vingt ans) est hors du rap. C'est elle qui s'abonne au magazine Ebony, où tous les mannequins ont la peau claire et les cheveux défrisés ; c'est elle qui tressaille aux aventures de JR, de Stallone ou Superman. Elle est sortie du ghetto, elle ne souhaite plus y revenir, ni s'en souvenir. Une des choses qu'elle déteste le plus au monde, c'est le rap. Marque-t-elle par là son éloignement inéluctable vis à vis de la culture noire, de la *Blackness* ; est-ce bien, est-ce mal ? Nous passons le relais.

Pour sa part, le rap est profondément enraciné dans cette culture populaire fondée sur quatre siècles de misère et de difficultés, d'espérance biblique et de ressentiment. Il est le continuateur du support fondamental de l'art de ce peuple noir : le chant.

## 1. *Les dozens ou les malheurs de ta mère*

S'il est vrai que tous les enfants ont connu, dans la rue ou dans la cour de l'école, le plaisir du gros mot, de l'obscénité et de l'invention verbale, les rues des ghettos en connaissent une version systématisée, les *dozens**, ou *dirty dozens*, les sales douzaines.

Après s'être assuré que ces procédés existaient dans tous les ghettos noirs, le linguiste W. Labov en fit, à Harlem, une étude restée fameuse [4].

*Dozens* est finalement le terme générique retenu par Labov pour désigner ces vannes structurées. Fondamentalement, elles constituent un acte langagier d'adolescents, parfois d'enfants, qui suppose de la virtuosité de la part du locuteur, et de l'admiration de la part de l'auditeur. Non seulement il faut en connaitre les formules d'envoi, mais il faut savoir improviser en rimant. C'est un fait qu'il y a un thésaurus des *dozens*, plus ou moins connu aujourd'hui dans le ghetto. Ainsi, la formule « ta mère boit de la pisse » appelle la réponse « ton père bouffe de la merde », laquelle constitue alors le point de départ d'une joute entre deux ou trois locuteurs. Si la mère de celui à qui l'on s'adresse est la cible principale des *dozens*, celles-ci peuvent très bien viser quelqu'un d'autre. Aux envois suivants :

*Un jour, y a la mère à Money, elle avait le cul bouché ; il a fallu qu'elle appelle un plombier.*

ou :

*Je suis descendu dans le sud acheter un morceau de veau, j'ai vu ta mère couchée dans le caniveau,*

s'ajoutent les réponses :

*ta mère elle bouffe des têtes de rats,*

---

[4]. W. Labov, 1978 : *Language in the Inner City*, le langage en Ville Profonde, trad. fra. 1978, Le langage Ordinaire.

*la tienne, on dirait le chauffeur de taxi, là-bas,*
*la tienne, elle chlingue,*
*ta mère, elle louche du néné gauche.*

On retrouve les mêmes thèmes dans le rap français. Le groupe Suprême NTM reprend à son compte la formulation du *motherfucker* américain. S'il est vrai que NTM signifie aussi « le Nord Transmet le Message » (où Nord signifie le département 93), tous les B. Boys français savent que NTM veut aussi dire Nique Ta Mère. Cette polysémie est très riche : elle affiche un sentiment de refus et un goût pour la provocation qui ne trompent personne. Cependant, elle est allusive, et seuls les initiés savent qu'elle est l'écho fraternel du *motherfucker* américain. Il faut citer ici le texte de : « C'est clair, j'ai le toucher Nick ta mère » :

*Oui ! Ta mère est l'offrande, s'offrant nue au gré des vents, Inspirant mon élan, Donc plus pervers qu'un revers, Joey Starr, Les bourses bien accrochées (...) Car souviens toi, oui j'adore, Martyriser, piétiner, Avec un plaisir malsain, Ok Ok Joey c'est clair, T'as le toucher Nick ta mère.*

Ces quelques exemples [5], que l'on pourrait multiplier sans peine, permettent de dégager quelques points forts :

Tout d'abord, la vanne doit être courte, sèche, violente et cruelle. Elle s'intègre dans une joute entre pairs, entre complices : son exportation hors du cercle aurait pour résultat de déclencher une bagarre, ce qui est précisément ce que veut éviter cette joute verbale sans merci. L'américain familier, *copping a plea*, « plaider coupable », a très probablement pour origine « le fait de s'avouer vaincu » dans une joute de *dozens*. Le critère de réussite, de victoire, c'est le rire du public.

---

[5]. Exemples tirés de W. Labov, 1978, trad. de A. Khim. Le texte de Suprême NTM est cité dans Le Nouvel Observateur, N° 1344, 9/15 août 1990, p. 15.

Il faut citer Rap Brown, qui se souvient de son enfance : « C'est dans la rue que les jeunes un peu bien font leur éducation…Que Diable, c'est en jouant aux douzaines que nous nous formions l'esprit.

*J'ai baisé ta mère/jusqu'à ce que ça l'aveugle/son haleine pue/mais elle sait bien tortiller du cul/j'ai baisé ta mère/pendant une grande heure/un bébé est sorti/il gueulait Pouvoir Noir/l'éléphant et le babouin/apprennent à baiser…*

Et le professeur aurait voulu que je reste tranquille à étudier la poésie alors que j'étais capable de dégoiser de la merde comme ça. S'il y avait quelqu'un qui devait étudier la poésie, c'était plutôt lui qui devait étudier la mienne… le but véritable des douzaines, c'était de rendre un gars fou au point qu'il se mette à pleurer… » [6].

Dans ce passage, Brown confirme les vues de Labov, dont les études ont le mérite de nous montrer dans quel milieu social et langagier grandissent les rappeurs et les *B.boys*. Elles n'ont cependant pas assez montré combien cette pratique est plus qu'urbaine, ou liée en propre au ghetto ; elle se rattache à un fond culturel très ancien.

### 2. *La parole du macaque*

Quand Brown parle du babouin et de l'éléphant, il fait appel à une très ancienne pratique, celle du *signifying*, dont l'origine est le *signifying monkey*, le singe vanneur, le babouin, ou encore le macaque, deux surnoms péjoratifs du noir, mais que celui-ci a récupéré à son profit : il est malin comme un singe, et se venge de l'homme blanc par la parole, le Blanc dont la lourdeur évoque l'éléphant.

La culture noire américaine a toujours soigné son art de parler, et plusieurs dénominations sont là pour l'attester :

---

6. Brown, 1970, 47.

— *to sound*, synonyme de *dozen*, c'est à dire sonder, pousser l'autre à bout,

— *to rapp* (dans son acception des années 20, c'est à dire du blues), c'est se faire charmeur, enjoleur, et mener l'autre « par le bout du nez » sans qu'il s'en aperçoive,

— *to jive*, dont nous avons déjà parlé, s'exprimer d'une manière codée et qui s'affiche comme noire,

— *toming*, parler comme l'oncle Tom, c'est à dire d'une manière servile, mais afin de se moquer du Blanc qui ne s'en aperçoit pas,

— *signifying*, un équivalent de *to rapp*, mais avec une provocation explicite,

— *toasting* qui, en vieil argot noir américain, signifie poursuivre une *dozen* sur plusieurs rimes.

Ces exemples et bien d'autres mots encore, pourraient s'aligner en rangs serrés pour montrer que la parole comme arme est une dominante essentielle de la culture quotidienne du peuple noir. Le blues et la musique populaire noire sont pleins de cet agilité vengeresse et cruelle. J.P. Levet nous en a donné de beaux exemples [7], même si la censure de l'industrie du disque fait que les vannes en tous genres se cantonnent plutôt dans la vie quotidienne [8]. A ce titre, on ne peut que renvoyer à nouveau au film de Spike Lee, *Do the right thing*.

Toujours est-il que les *fuck* (baiser), *motherfucker* (nique-ta-mère), *suckers* (enfoirés), tous ces mots qui servent à décrire ce qui se situe par nature en dessous de la ceinture, et dont le rap raffole, le peuple noir les entend, les chante et les exploite depuis longtemps [9].

---

7. J.P. Levet, *Talkin' That Talk*, 1986.
8. De plus, ce n'est pas en vain que les spécialistes de musique noire considèrent ces joutes comme à l'origine du *chase*, ou *duel*, entre saxophonistes, ou encore les défis instrumentaux qu'étaient les *carving* et *cutting contest*. Carles et Comolli, 1971, et Levet, 1986.
9. Le film de Spike Lee est à cet égard un « festival » de *Motherfucker*. Dans le seul *Gangsta Gangsta*, des NWA, *Straight Outta Campton*, LC 0407-

## 3. L'effet de signalisation

Ces *dozens*, ou vannes rimées, ont une fonction de combat.

Toute la jurologie développée par cette tradition a été revendiquée comme langage noir par les *Black Panthers*. Pour eux, le mot sale était une expression du refus, de provocation [10]. Si le mot est sale pour le Blanc, il est propre pour le Noir.

On ne peut, en observant cette intrusion du gros mot dans le discours, que se souvenir des propos de Roland Barthes : « Hébert ne commençait jamais un numéro du *Père Duchêne* sans y mettre quelques *foutre* et quelques *bougres*. Ces grossièretés ne signifiaient rien, mais signalaient. Quoi ? Toute une situation révolutionnaire. Voilà donc l'exemple d'une écriture dont la fonction n'est plus seulement de communiquer ou d'exprimer, mais d'imposer un au-delà du langage qui est à la fois l'histoire et le parti qu'on y prend. Il n'y a pas de langage écrit sans affiche... » [11].

Ce modèle de signalisation langagière, par l'intermédiaire du gros mot, s'applique intégralement au langage des *Black Panthers*, et par eux, à celui du rap. Mais il s'agit cette fois-ci de langage oral.

Le rap apparait comme le prolongement, particulièrement fidèle, de ces habitudes de gamins des ghettos et de cette tradition folklorique et séculaire de la vanne, où se mêlent la double jubilation de l'usage de mots interdits et du moyen de rabaisser l'homme blanc, de le gruger. Les manifestants noirs des années 60-70 avaient pour habitude de se servir des *dozens* pour apostropher les policiers (*pigs*) des forces anti-émeutes. C'était une manière certes symboli-

---

210286, on ne compte pas moins de vingt-cinq *Motherfucker*. Pour une étude assez poussée du mot *Fuck*, voir L. Stone, 1954.
10. I. Young, 1970.
11. Barthes, *Degré Zéro de l'écriture*, Paris, Seuil, 1953, p. 9.

que de lancer des projectiles ou des boute-feux, mais la provocation au combat n'en était pas moins réelle.

Un caractère essentiel du langage noir traditionnel était d'être codé. Des premiers chants agraires au blues en passant par le gospel, il y avait toujours deux niveaux, un pour le blanc, qui écoutait avec plaisir chanter le « brave nègre », et un pour le noir, qui comprenait le message. « Qui dans la communauté blanche aurait compris que lorsque les esclaves parlaient dans leurs chants et leur prédications de « traverser le Jourdain et d'entrer dans la nouvelle Jérusalem », ils parlaient quelquefois du Canada, de l'Afrique, et de l'Amérique au Nord de la ligne Mason-Dixon ? » demande le Réverend Cone [12]. Citons aussi Le Roi Jones : « Ils se prennent le crâne à deux mains et susurrent : « Ooh ! j'adore Bessie Smith », sans même voir que Bessie Smith est en train de leur chanter : « tiens voilà mon cul, mon gros cul noir... » [13].

Le rap n'a pas suivi cette voie du double langage ; il est plus cru, plus direct. La grande différence qu'il entretient avec cette tradition qu'il a totalement prise en compte, c'est qu'il jette le masque. Il n'est pas indifférent de se rappeler les garde-à-vue, emprisonnments, les amendes et autres difficultés avec la justice qu'ont eu les N.W.A., les Public Enemy, les 2 Live Crew, pour ne citer qu'eux, et les marchands de disques qui sont taxés pour détention d'obscénités. N'oublions pas non plus l'obligation du label « *Explicit lyrics* », paroles explicites, que l'on appose sur de nombreux albums de rap, et qui est d'ailleurs devenu un signe de réussite pour le rappeur [14].

---

12. Cone, 1989, 84.
13. Cité par Levet, 1986, 4ᵉ de couverture.
14. Il est le premier à s'en moquer, comme le font avec finesse les De la Soul, qui affublent une de leurs pochettes d'un « cet album ne contient pas de paroles explicites mais la pensée est érotique ». De La Soul, *3 Feet high and rising*, BCM Records, 33195.

Le rap cultive l'insulte ; il s'approprie les grossièretés et les fait rentrer dans sa rime. Cette tentative de déstabilisation de l'Autre (le Blanc) fut vite couronnée de succès. La plupart des rappeurs sont arrivés à leur fins. Nombre d'Américains considèrent le rap comme l'expression même de la bassesse. Mais le principal de la contribution de la culture hip hop, c'est qu'avec elle prend fin le règne du singe malin qui se moque de l'éléphant ; par elle, la parole est à l'homme en colère, elle est dirigée contre l'enfoiré, le *sucker*.

Mais cette transfiguration n'empêche pas les *dozens* des gamins et le *signifying* des anciens d'être dans le rap :

*No hats, no jeans, no sneakers, no what ?*
*No beepers, no gold ? Yo kiss my ass !*
*Pas de chapeau, pas de jeans, pas de sneakers, pas de quoi ? Pas de bip-bip, pas d'or ? eh toi, baise mon cul !*

ou :

*You wanna know about me ? Check the police files.*
*Get out my face or you might have a bruised one*
*Tu veux savoir qui j'suis ? regarde dans les fichiers de la police.*
*Regarde pas ma gueule comme ça ou tu vas en avoir une au carré.* [15]

et encore :

*Police, wild beast, dogs on a leash*
*Police, bêtes sauvages, des chiens en laisse* [16].

Ces imprécations d'Ice-T et de Public Enemy n'auraient pas dépareillé les travaux de Labov. On sent dans beaucoup de raps que les structures rythmiques autant que les textes sont une forte réminiscence des jeux verbaux d'adolescents, tant dans la forme des envois que dans le rire qu'ils déclenchent :

*Si tu te trouves une femme, faudra qu'elle te fasse oublier toi-même, y a un mot de cinq lettres pour décrire son personnage, mais*

---

15. Ice-T, Power, déjà cité.
16. Public Enemy, déjà cité.

*elle a le cerveau lavé par un acteur, et n'importe quel homme réel qui l'approche, au plus proche qu'il arrive, se fait bazarder comme un cafard* [17].

On sent ici le jeu qui consiste à chercher le mot en cinq lettres ; les américains connaissent bien le *four-letter word*, « le mot en quatre lettres » : *dumb* ou *shit*. Ici, la devinette n'est pas très difficile ; il s'agit certainement de *bitch* (pute). Quant au refrain :

> *I don't think I can handle*
> *She goes channel to channel*
> *Cold lookin' for that hero*
> *She watch channel zero*

il représente la vanne par excellence, avec ses bouts rimés qui opposent *hero* et *zero*, en des vers rapides, ramassés, et où la répétition de *channel* accélère le mouvement. Faut-il dire que le héros dont on parle ici est le héros blanc des séries télévisées ?

Les Fat Boys ont fait un rap admirable, intégralement basé sur une joute entre *B.Boys*. C'est tout le ghetto, toute la culture hip hop qui fournissent le lexique. Comme pour faire plaisir à Labov, il y trois participants, deux antagonistes, et un troisième qui « en rajoute » ou qui arbitre. C'est d'ailleurs lui qui pose les conditions de la joute. Buff vient de plaquer Lorraine. Kool Rock est choqué par tant de dédain. Et la joute commence :

— *Mensonges ! j'en ai assez et j'suis fatigué des mensonges ! Dis moi plutôt les choses que t'as faites ! Mais, chéri, t'as jamais rien fait, rien rien rien ! ces mensonges ! diras tu jamais la vérité une fois au moins ? Au lieu de me faire perdre mon temps ? rien qu'à me dire des mensonges , mensonges, mensonges,...*
— *Eh toi mec ! tu parles beaucoup ! tu dis qu't'as fait des choses que j'ai jamais vues ! Mais quelqu'un me dit que t'es un falsificateur ! Hooop ça sort comme ça des lèvres, bon laisse moi saisir la vérité quand elle passe ! Tu bluffes !*

---

17. Public Enemy, *She watch Channel Zero*, déja cité.

— *Eh mec, j'ai vraiment fait ça.*

— *Mec, t'as jamais rien fait ! tu mens à travers tes dents ! En d'autres termes, tu tiens tête ! Tu penses que j'sais rien sur rien ! Bon, c'est le moment que Rock te dise quelque chose !*

— *Eh, garçon, j'ai autant d'argent que Donald Trump.*

— *Aahhh, bon ! C'est toi qui marques vingt buts à zéro, ami, t'es en pleine crise, tu devrais pas raconter des conneries comme ça ! Tu te ballades dans la cadillac de ta grand-mère, et l'or qui brille sur ta poitrine ! Voyons voir ! c'est de l'or ça ? eh mec, c'est du toc ! qui essaies tu d'impressionner ? Tu vis comme un peut-tout-faire ! t'es un pauvre clown toi ! eh mec, pourquoi tu me tournes autour ! dégage de là ! t'es rien t'es un frère intox ! et moi j'suis le genre de gars qui bazarde ton intox ! t'es un menteur !*

— *Mensonges ! j'en ai assez et j'suis fatigué des mensonges ! Dis moi plutôt les choses que t'as faites ! Mais, chéri, t'as jamais rien fait, rien rien rien ! ces mensonges ! diras tu jamais la vérité une fois au moins ? Au lieu de me faire perdre mon temps ? rien qu'à me dire des mensonges , mensonges, mensonges,...*

— *Une super, une vraie belle voiture, assise au coin de la rue ! Tu frimes un max avec ton truc tout nouveau tout beau ! Les gens y sont autour de toi comme des oiseaux sur le pain ! La radio à plein tube ! tu relèves le menton ! Une fille qui passe par là et qui dit : « oohhh, je l'adore ! » Tu craques un sourire et tu lui dis que tu viens juste de l'acheter ! et au fond de toi même, mec, t'espère et tu pries qu'ils jettent pas un œil sur la plaque ! Le temps passe et tu brilles toujours autant ! la belle journée ! ta voiture elle s'éclate ! Alors, qu'est-ce que tu as à perdre ? Tu piques une jolie fille au passage et tu mets la voiture sur le cap ! Destination l'amour est roi, le pied ! étreinte et baisers ! tu reviens vers l'immeuble ! Toujours les mêmes gens, qui bavassent et qui plaisantent ! Les yeux grands ouverts, les lèvres pendantes, Y'en a un qu'a un doute ! et maintenant, le pot aux roses ! Alors, ça faut pas le rater ! T'as eu une bonne journée, mais voilà que ça prend fin, quand ils se mettent tous à hurler « eh, mec, ta voiture est de location !*

— *Eh mec, maintenant je jure que j'dis la vérité, toute la vérité rien que la vérité ! et maintenat tu l'as fait ! t'as menti sur moi ! et j'vais être damné ! j'vais pas me laisser faire ! On te voit zoner avec tes habits bas-de-gamme ! Et si tu me confrontes moi face à ton ignorance, alors tu vas te retrouver plaqué au sol ! Planté dans la poussière ! t'exploses devant ce que j'ai fait ! Des paroles en l'air, moi ? Mec, c'est moi qui parle ! Peux-tout-faire, moi ? prêchant comme un charlatan ! Assez c'est assez ! C'est le moment de m'éner-*

*ver ! Y fouinent, y reniflent, les pauvres mec perdent les pédales ! Les filles couchent partout ! Les autres sont des voleurs ! C'est le moment de foutre le moral à zéro à ce camé : tu mens aux autres pour sauver ton âme ! Laisse la vérité courir comme une rivière ! Des poumons à la langue jusqu'au foie !*
— *Et tu voudrais que je m'en aille comme un enfoiré ?*
— *J'ai jamais menti ! Je le jure sur la mère !*

Dans ce rap [18], juvénile et plein d'humour, le langage — lexique et syntaxe — se donne en spectacle. La légèreté du propos ne saurait faire oublier combien ce morceau est signé, au sens de Barthes. Il est parfaitement impossible d'imaginer un Blanc chanter de la sorte : les structures de *dozens*, comme dans cette exagération progressive poumons-langue-foie, l'usage de *sucker*, l'enfoiré, signifiant l'injure suprême, « tu me prends pour un Blanc ou quoi », autant de signalisations qui ne trompent personne. Les mots *sucker*, *block* (le bloc, l'immeuble, le paté), *corner* (le coin de la rue), *mother* (la mère, la terre mère), *yo* (eh toi), *man* (mec), *gold* (or, doré), *brother* (frère de race), *dope* (came, et par extension super, dernier cri), *chillin' hard* (rouler les mécaniques, être à l'aise), et tant d'autres qui sont dans ce rap, ne voudraient rien « afficher » s'ils étaient pris séparément ; leur amalgame en si peu de temps est au contraire très signifiant : c'est l'argot du ghetto. Ce texte est signé.

### 4. *Le mot comme coup de poing*

Le rap aime la boxe. C'est lui qui le dit. Il suffit d'écouter les mots du jargon, et leurs fortes connotations. Le *beat*, le rythme, ne peut se comprendre si l'on oublie que *to beat*, c'est battre quelqu'un. Le *cut*, cette technique rythmique du scratcheur, c'est aussi, en argot, « faire saigner ». Le *punch*, ce tonus combatif qui fait le grand boxeur, c'est aussi

---

18. Fat Boys, *On and on*, déjà cité.

la qualité première du rappeur, mais aussi du DJ : on parle alors de *punch phasing*, autre technique du *sound-system*.

Il n'y a pas un album où n'apparaisse le mot *bruiser*, le cogneur, celui qui frappe dur, qui fait mal. Ce mot sort des salles d'entraînement. D'ailleurs, les grands noms de la boxe américaine sont noirs. On ne peut douter que c'est une des raisons premières qui a conduit à ce choix lexical. Il n'est pas un gosse du ghetto qui n'ait vibré aux exploits de Mohammed Ali, de George Frazier ou de Mark Tyson. Comme M.L.King ou Malcom X, ils sont souvent cités dans les textes rap. Voici un extrait de *I go to work*, de Kool Moe Dee :

*Je vais faire mon job, comme un boxeur, te dresser le cerveau et essayer de faire de toi un homme, comme un coup de poing ma rime te met KO, des fois ça te fait valdinguer, c'est dur à contrer* [19].

et mieux encore, dans *Hittin' hard* :

*Prépare un peu mieux ton esprit pour les métaphores et les classiques du rap, crois moi y a pas d'homme, pas de Bach, de Brahms, de Beethoven ou de Chopin qui vont t'enlever comme moi je t'enlève, comme moi je t'étonne, Ali Frazier Moi, c'est du déjà vu [en français dans le texte] quand t'écoutes la rime qui fait saigner comme un uppercut, tiens voilà le gong qui sonne, moi j'descends fumer un coup, dur ce premier round, tu piques comme une abeille, et le gong c'est le plus mauvais son, parce que j'suis pas fatigué, si toi tu veux récupérer, moi j'en ai assez, mes rimes vont à une vitesse folle, de quoi te faire sauter la tête, quand j'ai fini de rimer, on décompte le score, j'ai encore gagné des points, vu que t'as sérieusement mordu la poussière, mais, que veux tu, je frappe vraiment très fort, la toute dernière chose dont tu te souviennes, c'est ma rime dans la gueule, toute la foule qui hurle « au tapis », et t'as sombré dans un coma de morphine, parce que j't'ai pas touché qu'une fois, je frappe vraiment dur* [20].

---

19. Kool Moe Dee, *Knowledge is King*, déjà cité.
20. Idem.

Si l'on se souvient des propos de Rap Brown, « mettre l'autre hors-de-lui pour déclencher la bagarre », on voit que cette longue métaphore du rappeur-boxeur est dans le droit fil des *dozens*. Ce n'est plus le monde des enfants, c'est celui des adolescents.


### 5. *Un combat sans pitié.*
   **(Don't believe the hype)**

Tel le boxeur sur le ring, le rappeur ne fait pas de cadeau. Nous avons tous en mémoire ces insultes incroyables que se lancent au visage les boxeurs avant un match. Dans son film *Rocky IV*, Stallone nous a bien fait comprendre qu'il s'agissait là du propre des boxeurs noirs. C'est une forme de *dozen*, ou de rap, un rituel qui précède et exacerbe le combat. Le mot d'ordre : pas de pitié, et surtout, pas de limite.

Les rappeurs ont largement contribué à faire reculer les limites habituelles de la décence. Les NWA, de Californie, ou 2 Live Crew, de Philadelphie, constituent une sorte de condensé de tout ce qui peut se dire de plus sale en langue américaine. Contrairement à Bessie Smith, au sujet de laquelle on pouvait toujours susurrer « Ohh, j'adore Bessie Smith », il est impossible d'entendre aux Etats-Unis un « Ohh, j'adore Public Enemy ». On est forcé, malgré soi, d'entendre ce « Tiens voilà mon cul » que masquait si bien le blues d'autrefois. Les rappeurs ont voulu mettre l'Amérique conservatrice K.O. Elle a accepté le combat.

Les membres de Public Enemy, pris au piège de la surenchère, crurent faire mouche en tenant des propos antisémites. Le grand avantage pédagogique de l'affaire, c'est que pour la première fois, le rap s'attaquait à un tabou non plus proprement américain, mais international. Le rap se révéla tel qu'en lui-même sur la planète entière. On s'aperçut à

Paris ou ailleurs que le rap n'était pas une simple danse. Il y avait des paroles.

A la veille du concert que vint donner le groupe en avril 1990 à Paris, voici ce qu'on put lire dans un hebdomadaire « de gauche » :

> *Archétypes des New Yorkais zonards, ils roulent les mécaniques, jouent les durs et s'exhibent sans gêne en treillis militaires, et tiennent des discours haineux et racistes, qui rejoignent les discours ambigus de Farrakhan, leader musulman noir, carrément antisémite et d'extrême droite. Leur truc est puant, macho et sordide, avec Fuck tous les trois mots et des menaces de mort toutes les trois lignes.*

Cet article est un résumé parfait de ce qui s'écrit aux Etats-Unis. Pour faire bon poids, voici un titre que l'on put lire, à la même occasion, dans un quotidien « de droite » :

> *Le scandale du concert ségrégationniste du Zénith : les huit musiciens américains ont formé un groupe de rap antiblanc, antisémite, et provocateur. La police craint des incidents.*

Il n'est pas jusqu'à une organisation antiraciste fort connue qui déclara, pleine d'humanisme :

> *... il faudrait comprendre les raisons de ce succès pour couper court à ce message d'intolérance (...) Nous avons vérifié que le concert de ce soir était ouvert à tous. S'il y avait eu discrimination, nous aurions attaqué le groupe en justice et empêché le concert* [21].

De cette attaque de l'éléphant contre le babouin, il ne sortit rien. Le concert eut lieu, et il n'y eut pas l'ombre d'un dérapage. Il n'y eut pas d'« événement », et donc plus un mot sur le groupe et sur le rap dans la presse du lendemain. Cette anecdote, un grand bruit suivi d'un long silence, est révélatrice de ce qui entoure le rap depuis qu'il existe aux Etats-Unis. C'est tout le sujet de *Don't believe the hype*.

---

21. Voir Brignaudy et Remi, dans leur dossier consacré à l'affaire, 1990, op. cit.

On raconte qu'un activiste noir avait déclaré lors d'un meeting, dans les années 60 : *We will Kill Richard Nixon*, nous tuerons Richard Nixon. Au procès qui s'en suivit, des linguistes étaient venus à la barre expliquer que, dans le langage noir, *kill* voulait dire autre chose que « tuer » [22].

Nous pouvons nous souvenir aussi des déboires du Révérend Jesse Jackson, le célèbre candidat noir américain à la présidence, lorsqu'il prononça un discours à connotation antisémite. On ne compte pas les voix qu'il perdit en quelques instants [23]. Enfin, le cas de Louis Farrakhan, l'actuel ministre de la Nation Of Islam (fondée en 1930 par Walid Farad, puis dirigée par Elija Mohammad), est lui aussi révélateur. Son antisémitisme, qu'il soit sincère ou monté en épingle par les médias, lui vaut une sinistre réputation [24].

Lorsque Public Enemy fut voué aux gémonies par la presse américaine, Chuck D. ne put que répeter, sans vouloir excuser pour autant la parole de son MC, « ce ne sont que des mots », ce qui eut le don d'irriter davantage ses accusateurs. C'est comme s'il avait répondu « ce n'est que du rap ».

Il n'y a pas lieu de justifier de telles outrances verbales, surtout lorsqu'elles blessent au plus profond. Professor Griff, pour sa part, écrit quelque part sur son dernier album,

*To all my Jewish friends thanks for not believing the Hype.*
*A tous mes amis juifs, merci de ne pas croire le Hype* [25].

---

22. Gumperz, 1982, commence son article sur *l'ethnic style* par cette excellente anecdote.
23. Voir à ce sujet, M.Marable, Jesse Jackson et la Rainbow Coalition, *Temps Modernes*, 1986, n° 485.
24. Pour une version des faits de Chuck D. (rappeur de Public Enemy), recueillie dans un entretien en 1990, voir Brignaudy et Remi, op. cit.
25. Professor Griff, *Pawns*..., déjà cité.

## Chapitre V

### L'Eglise de la transe

## 1. Le preaching

Cette joie que déclenche la parole vindicative ou moqueuse, ingénieuse et virtuose, se retrouve à un niveau différent chez les *preachers*, personnages centraux de la culture noire. Disons une fois pour toutes que traduire ce mot par prêcheur ou prédicateur est un des contresens les plus connus de la traduction franco-américaine, surtout lorsqu'il s'agit du ministre officiant noir américain des églises baptistes et pentecotistes.

Ce courant religieux tire son origine de la *Sanctified Church*. Le culte y est dirigé par un *preacher*, qui déclenche dans la foule des fidèles des transes collectives.

Le *preaching* consiste en une improvisation vocale très libre, tout entière centrée sur l'émotion poétique, sur une ferveur extrême, scandée selon des règles bien connues du public noir, ce qui lui permet ainsi de suivre et de répondre en cadence.

Toujours basées sur le thésaurus biblique, sur lequel le *preacher* développe des thèmes quotidiens, ces évocations, où la parole est le centre de la prestation, dérivent le plus souvent sur des propos en apparence hallucinés et extatiques. A la fin, le *preacher* ouvre le chant, couvert de sueur ;

hagard, il esquisse des pas de danse, il bat des mains et dodeline de la tête tout en lançant le chant. Il exorte le public à le suivre dans cette improvisation. Celui-ci, collectivement hors de lui, hurle et encourage le *preacher*. Des confessions confuses sont criées à tout va, les mains battent en rythme. La cérémonie prend fin dans une apothéose indescriptible, tandis que l'on s'occupe fraternellement des fidèles que la transe a saisis. Ces fidèles, qui ont connu la joie totale, s'appellent les *Holly Rollers*, et là encore, il vaut mieux ne pas traduire.

Maurice Cullaz, grand spécialiste de la musique noire, a noté toute l'importance de ce trait de culture : « le *preaching* est tellement indissociable de l'héritage de l'américain de couleur qu'il fait partie d'un des procédés favoris des grands solistes de jazz qui en donnent souvent de saisissantes imitations vocales ou même instrumentales » [1].

Même si le fond religieux est ici totalement imbriqué dans la manière de dire, le *preacher* est par excellence le héros de la parole noire.

Il n'est pas insensible aux joutes oratoires, ni aux *dozens*, que peuvent se lancer au visage les *preachers* qui s'affrontent parfois devant les *holly rollers*. Sa virtuosité, sa fougue, sa sincérité sont tenues par le devoir de réussite. La ferveur n'exclut pas la technique et ses astuces, pour tout dire l'entraînement, base de toute improvisation [2]. A bien des égards, le *preacher* est par excellence un *M.C.* Cette importance de la parole, de la manière de dire, a été très bien étudiée par J.H. Cone : « Le rapport entre la forme et le contenu de cette pensée est dialectique. Le récit est à la fois moyen de communiquer la vérité et élément de cette vérité elle-même... C'est pourquoi le personnage du conteur est si important » [3].

---

1. Cité par Levet, 1986, 249.
2. Souligné astucieusement par Gumperz, 1982, 189.
3. Cone, 1989, 81.

Et plus loin : « Il était parfois plus difficile de comprendre ce sur quoi le prédicateur voulait insister. Mais parce que la force de l'histoire se trouvait dans l'acte de narration elle-même, cela n'était pas toujours indispensable. On pouvait saisir le message au ton et à la voix montant et descendant, tandis que le prédicateur, depuis la chaire ou le long de la nef, scandait ses paroles par des mouvements rythmés de son corps (...). Le message se trouvait dans cette conscience de l'Esprit passant « de coeur à coeur et de poitrine à poitrine » à travers l'assemblée, pendant que le prédicateur susurrait ou tonitruait le récit. Celui-ci était vrai si les gens en recevaient un supplément de force leur permettant d'aller plus loin dans leur combat pour la survie, le courage de lutter une fois de plus pour redresser les torts de ce monde, et la volonté passionnée d'affirmer la vérité de leurs vies, vérité non reconnue dans le monde des Blancs. Cette « connaissance », ils la recevaient chaque fois qu'on avait prêché l'histoire biblique d'une manière authentique. C'est pourquoi le peuple demandait à propos de chaque ministre : le pasteur sait-il raconter l'histoire ? »[4].

A l'époque où J.H. Cone a écrit ce texte, en 1975, il n'y avait pas de rap. Et pourtant ce passage, qu'il consacrait au *preacher*, en constitue la définition la plus profonde, la plus totale, proche d'une vérité qu'il paraît impossible d'exprimer différemment.

Enfin, on ne saurait trop insister sur le lexique et la syntaxe utilisés lors des *preachings*. Gumperz, dans une étude restée fameuse, a montré les procédés de contamination et d'imitation par lesquels toutes les techniques oratoires du *preaching* se retrouvent dans les discours politiques des activistes noirs américains [5].

D'ailleurs, lorsque Keith LeBlanc avait sortit son *No Sell Out*, avec son fameux extrait d'un discours de Malcom X,

---

4. Idem, 83 (Trad. Jean et Philibert).
5. Gumperz, 1982, 198.

beaucoup d'observateurs avaient été frappés par l'adéquation parfaite (*timing*) entre les paroles enregistrées et le rythme du rap lui-même. Si la virtuosité de LeBlanc n'y est pas étrangère, il est manifeste que le discours de Malcom X, totalement structuré comme un *preaching*, colle naturellement au rap. Il importe peu, finalement, de chercher à mesurer l'influence du *preaching* sur le rap. Elle est trop évidente, trop profonde. Le rap sort du *preaching* ; il n'en est ni l'enfant, ni la conséquence, ni l'imitation. Il est contenu en lui, et c'est toute la différence qu'il y a entre une influence d'ordre artistique et la « noirceur ».

Les formules d'appel, les questions-réponses entre *DJ* et public, les répétitions et les ruptures soudaines, l'élision systématique de la consonne finale du gérondif, les *ain't*, *I say*, *do you know*, etc... sont autant de signes, divers mais spécifiques, de ce que Gumperz (1982) appelle l'« *ethnic style* ».

Des mille exemples possibles, retenons le plus simple, le plus beau peut-être, ce *yes* (oui) dominateur et annonciateur de vérité, de connaissance et de dénonciation, que crie Public Enemy dans *Don't believe the hype* :

*YES*
*was the start of my last jam*
*So here it is again.*
*OUI*
*c'est par là qu'avait commencé ma dernière intervention*
*Le voici encore.*

Il n'y a pas un auditeur noir qui ne comprenne « *oui, je vous le dis en vérité* » *dans ce yes,* et qui ne sente, comme une évidence, que *jam* est venu remplacer *preaching*.

Du reste, les rappeurs ne sont pas aveugles, et il n'est pas rare de voir la fonction formelle du rap assimilée à un *preaching*, d'une manière irrespectueuse, comme avec les Fat Boys :

*Speakin' fiction ? Man I talk back !*

*Perpetators ? Preachin' like phonies ?*
*J'raconte des histoires ? Mec, c'est moi qui ai la parole ! Moi, peux-tout-faire ? Moi, faire le preachin' comme un charlatan ?* [6]

Ou d'une manière militante, comme chez Public Enemy, avec ce « *preach to teach to all* » qui éclate, dans *Don't believe the hype*, comme définition du rappeur.

## 2. Raconter l'histoire

Kool Moe Dee a fait un rap magnifique sur la connaissance et qui peut se « lire » comme un *preaching*. En voici l'introduction et la conclusion :

*I ain't again*         1
*I'm gone*
*Up, up, up, and away*
*And I'm on*
*A higher plane*         5
*With a brain*
*With a flame*
*Feel the fire*
*Desire the same*
*Knowledge and wisdom*         10
*And understanding*
*Possessed by gods*
*Transferred to man*
*A script of a book*
*A scripture that looks*         15
*Like a biblical writing*
*Inviting a hook*
*Of a song sing along with a strong*
*Subliminal*
*Message divesting all men from*         20
*Criminal*
*Acts of the devil*
*Reaveled and reveled*

---

6. Fat Boys, voir note 4 p. 24.

> *Designed to recline the mind to a lower level*
> *With no spiritual level* 25
> *Read the Holy Koran*
> *Or the Bible*
> *Because it's liable*
> *To be a revival*
> *For the weak who seek power it'll bring* 30
> *Infallible power*
> *Knowledge is king*
> *(...)*
> *Insipid inane crass rain*
> *Insane lame*
> *Traditions* 35
> *All praise fame*
> *Positions*
> *Wants to be a star*
> *Drive a big car*
> *Live bourgeois* 40
> *And won't know who you are*
> *Lost in the source*
> *And praisind the dollar*
> *Whether your faith is*
> *Christ or Allah* 45
> *The knowledge of God*
> *Will teach one thing*
> *The dollar is moot*
> *Knowledge is king.* 49

La beauté pure de ce rap [7] ne doit pas cacher sa « noirceur ». Son appel à l'oecuménisme l'exclut de l'Eglise Baptiste ; cependant, l'équation Allah = Christ = Dieu (lignes 44-46) l'enracine dans les discours de M.L. King et de Malcom X. Ils lui permettent de la sorte de se situer dans une lutte commune et non plus dispersée.

La structure de ce rap est très proche d'un *preaching*. Il y a d'abord la formule d'envoi (l. 1-4) non significative en soi, mais économiquement importante : elle lance le rappeur et son auditeur, elle « l'échauffe » avant l'effort.

---

7. Kool Moe Dee, *Knowledge is king*, déjà cité.

Elle est tout entière constituée d'idiomes noirs, par ailleurs utilisés comme cellules rythmiques.

Les quatre vers suivants (l. 5-8), trois images sans verbe, et un impératif, ont une fonction similaire, mais plus évocatrice de ce qui va suivre.

Enfin le *preaching* commence sur ce « désire » (l. 9), impératif ouvrant l'exhortation. Celle-ci se termine par le thème, qui sera développé dans la suite du « sermon », *Knowledge is King* (l. 32) : « Toute Puissante est la Connaissance ». Nous avons sauté l'essentiel du texte (très long), mais nous en avons cité la fin, la morale, où le thème initial est repris et mêlé aux contingences de la vie quotidienne(l. 49).

Tout le corps du rap a été le développement hargneux de ces thèmes : « La connaissance est infinie, les enfoirés en sont exclus », y entend-t-on. La connaissance est noire. Mais, dans l'introduction comme dans la conclusion, Kool Moe Dee, tel un authentique *preacher*, nous exhibe son extraordinaire virtuosité stylistique, tout entière au service du message. La rime ici est parfaite, les ruptures de cadences excellentes (l. 18-21), les paronomases saisissantes (l. 18 ou 23). Le lexique religieux est toujours mis en évidence en fin de vers (*wisdom, gods, book, devil, Koran, Bible, will bring*). Il est mis en rapport, par la rime, avec le lexique usuel de militance noire (*brain, fire, criminal, liable, power, king*). Enfin les formules consacrées, telle la triade *Knowledge-wisdom- understanding*, appartiennent en propre au discours des *preachers*.

Peut-on seulement traduire un texte aussi riche ? Ce qui suit en donne une vague idée :

*J'y vais pas, j'suis parti, là là là et ailleurs, et me voici, le plus haut des avions, avec un cerveau, avec l'ardeur, sens le feu, désire la même connaissance et sagesse et compréhension que possèdent les dieux qu'ils ont donné à l'homme par l'écriture d'un livre, une écriture qui ressemble à un écrit biblique invitant la colère d'un chant chanté seul avec un fort et subliminal message détournant tous les hommes des actes criminels du Diable, démasqué et orgiaque, fait pour installer l'esprit au niveau le plus bas, un niveau sans spiritualité, lis le Saint Coran, ou la Bible, parce que c'est eux qui donnent la renaissance au pauvre qui cherche le pouvoir qu'ils apportent, l'infaillible pouvoir, la connaissance est reine (...) Insipides ineptes crasseuses ennuyeuses malsaines boiteuses conventions, tous prient la renommée, les positions, veulent être une vedette, conduire une grosse voiture, vivre en gentleman, et ne veulent pas savoir qui tu es, perdu à la source, priant le dollar, quelle que soit ta foi, Christ ou Allah, la Connaissance de Dieu t'apprendra une chose, c'est que le dollar ça se discute et que la connaissance est reine.*

Pendant très longtemps, l'argot noir avait fait de *churchy* (*church*, l'église) un synonyme de *funky*. Ce rap, et avec lui la plupart des raps qui s'adressent à Toi — toujours ce *you* qui est loin d'être impersonnel — est *churchy*. Comme le pasteur de J.H. Cone, Kool Moe Dee sait raconter l'histoire.

# SECONDE PARTIE
# LES THEMES

*Les limites de la découverte du rap par l'écrit étant rappelées, on peut tenter cependant, à partir de quelques textes, de réfléchir sur le traitement, par les rappeurs-compositeurs, de quelques thèmes fondamentaux du rap américain comme du rap français ; ils sont secrètement reliés par une certaine conception religieuse, prophétique surtout, du rap : l'entrée dans le rap, le message, le rap en action.*

*Dans les extraits qui serviront de support, l'abréviation* fra. *signifie que les textes sont français ; ils sont principalement tirés de l'Album Rapattitude* [1]. *Le code* amer. *signifie, pour sa part, qu'il s'agit d'une traduction de rap américain, tous référencés par ailleurs.*

---

1. Rapatitude, compilation de rap français, Virgin, 30767

## Chapitre 1

## *La religiosité*

### 1. *Présence de Dieu*

La musique noire américaine, soul, funk et rap est pleine de ce qu'un vieux blues appelait *the presence of the Lord*, la présence de Dieu. Pour ceux qui ne s'en apercevraient pas, les artistes ont à coeur de le préciser sur toutes leurs pochettes. Il n'y a pas de rappeur, tout dur à cuire qu'il soit, qui ne s'acquitte de cette marque de ferveur.

L.L.CoolJ. : Merci à Dieu et à tous ceux qui pensent le servir [1].

Young MC : Un grand merci à Dieu, papa, maman... [2]

Donald D : et ne jamais oublier le créateur de toute l'humanité : Dieu tout puissant [3]

Comme les extraits de raps précédents nous l'ont fait pressentir, Allah est très présent dans le monde hip hop. C'est sans doute la grande différence avec la *soul music*. Le rap, qui marque un si net retour aux symboles de la militance des années 60, reprend totalement à son compte l'Islam

---

1. LL Cool J, *Bad*, Def 450515 2.
2. Young MC, *Stone cold Rhymin'*, Island Records, LC 0407 410 315 (Deux raps éblouissants sur cet album : *Non Stop* et *Fatest Rhyme*).
3. Donald D., *Notorious*, Epic, 466087 4.

noir américain, celui d'Elija Mohammad, de Malcom X, de Muhammad Ali, de LeRoi Jones et celui de Louis Farrakhan. Ice-T, Public Enemy, Divine Styler, autant de prosélytes de cet Islam si particulier.

> *Allah-u-akbar, may peace and blessings be upon Elija Muhammad and son Imam W.D. Muhammed, I give thanks for abdullah servant of Allah,* [4]

lit-on sur une couverture de Divine Styler ; et sur celle de Professor Griff :

> *As Salaam Alaikum (Peace be unto you all praises are due to Allah to whom none is greater).* [5]

Dire sa foi n'est pas d'une grande originalité aux Etats-Unis. Ce pays, qui ne peut se comprendre si l'on oublie un seul instant ses fondations protestantes, est imperméable à l'athéisme. Catholiques, bouddhistes et musulmans y sont tolérés ; l'agnotisque y est incompris. Ce qui atteste une fois de plus l'américanité du rap.

Mais cet acte de foi, ou plutôt cette profession de foi, qui invite l'auditeur à croire en Dieu, et à le prier, qui n'est certes pas une grande nouveauté aux Etats-Unis, a aussi ses couleurs. La foi noire est biblique. Entièrement basée sur l'espérance de jours meilleurs, la foi des *Holly Rollers* est une attente.

## 2. Message et prophétie

Le rap américain a pris en charge toute cette espérance séculaire.

Le rappeur est un prophète, un messager. Il amène une révélation. Le Message de Grandmaster Flash, pour politi-

---

4. Divine Styler, *Word Power*, déjà cité.
5. Professor Griff, *Pawns...*, déjà cité.

que qu'il soit, est avant tout un message prophétique. Toute la stature du rappeur repose sur sa capacité d'être un guide, un pasteur. *Follow the leader*, suit le guide, disent Eric B. & Rakim [6].

Le verbe *to bring*, apporter, est régulièrement utilisé dans son acception prophétique, celle du messager apportant la Parole de Dieu. Souvent masquée par les propos festifs du rappeur, qui détourne ce lexique religieux à son profit, cette tendance eschatologique du rap n'échappe pas à l'auditeur noir.

Porteur d'espoir et de dénonciation, le rappeur se présente régulièrement comme un messie, comme celui avec qui les temps prennent fin et commence le grand jugement. L'usage récurrent du mot *Time*, le Temps, est à cet égard révélateur. *It's time now*, c'est l'heure, doit impérativement être compris par « le moment est arrivé ». L'omniprésence de « ces Temps qui s'achèvent » dans les textes rap est souvent masqué par une stylisation humoristique. Telle est l'importance de la montre et du réveil, deux objets typiques de l'attirail du *B.Boy*, qui symbolisent la fonction temporelle du rap et de son message.

Le tic-tac de la montre est une des figures de style préférées des rapeurs. Le tic tac, c'est ce qu'il faut écouter avec attention, c'est le signe du temps qui passe avec le rythme, c'est le compte-à-rebours qui a commencé.

*Tick Tock goes the hands of time*
*Time put meanin' to my rhyme.*
*Tic Tac c'est la marche du temps, le Temps qui donne un sens à ma rime* [7].

ou encore :

*Tick Tock (that's the sound of my clock)*
*Hip hop (that's the sound of my block).*

---

6. Erik B. & Rakim, *Follow th Leader*.
7. Jungle Brothers, *Done by the force...*, déjà cité.

*Tic toc, c'est le son de mon réveil, hip hop, c'est le son de mon bloc* [8].

Kool Moe Dee a fait sur ce thème un rap très amusant, *What time it is ?* Quelle heure est-il ? [9], et avant lui, Grandmaster Flash, avec *Do U know what time it is* ? [10]

Ce n'est pas aller trop loin que d'affirmer que le rap évolue, pour son auditeur d'origine, dans un temps qui n'est pas celui des marchands de disques. Le rap est apocalyptique, au sens strict du terme : il apporte sinon la fin des temps, au moins la fin d'un temps, celui de la soumission et de l'exil intérieur.

> *De Bonnes Nouvelles pour tous, le dernier Jour est au coin de la rue, en-bas du bloc, en-haut de l'avenue, l'opprimé sera sauvé de l'oppression, le ghetto sera transafricainexpressé vers les Cieux, au pays de la Vertu.*

chantent, dans le plus pur style évangélique (anglais), les Jungle Brothers [11].

On pourrait aussi montrer avec de nombreux exemples, l'usage lexico-religieux que fait le rap du mot *witness*, le témoin. Il faut bien souvent traduire par « j'atteste ».

Ce mot est d'autant plus important qu'il fait partie du patrimoine des « bonnes blagues » que l'on se raconte au ghetto. Lorsqu'un Noir passe devant un tribunal, le plus dur pour lui est de trouver un témoin en sa faveur... Les Public Enemy en ont fait un rap extraordinaire [12].

## 3. Syncrétisme et culture mondiale.
*(Afrika Bambaataa)*

Comme nous le sentons bien, cette spiritualité du rap, à peine camouflée, est dans sa « noirceur ». Cependant, et

---

8. Mantronix, *In full Effect, Gangster Boogie,* 10 Records, DIXCD 74.
9. Kool Moe Dee, *What time it is,* Zomba Music.
10. Grand master Flash, *U know What time it is*, Ba-Dop-Boom-Bang, Elektra, 960723-1.
11. Jungle Brothers, *Done by the force...*, Good News Comin'.
12. Public Enemy, *It takes a Nation...*, Caught can I get a witness.

ce n'est pas une des moindres richesses du rap, cette foi, chrétienne ou islamique, poussée par ses convictions propres et sincères finit tout naturellement par dépasser, transcender, peut-être trahir sa *blackness*. La fraternité, l'espoir, l'amour du prochain et de la paix du monde conduisent à une universalité du message souvent incomprise. Le ghetto, comme l'Israel de la Bible, devient symbole. La parole du rappeur ne s'adresse plus au seul *Black Boy*. Elle s'adresse à toute la jeunesse du monde.

Le parcours d'Afrika Bambaataa est à cet égard essentiel. Par lui, le rap s'est hissé à une universalité dont on peut toujours se moquer, mais que semblent comprendre, au sens plein du terme, les moins de vingt ans (*teenagers*) des banlieues de Paris, Londres, Tunis et Tokyo.

Comme beaucoup de jeunes noirs des années 70, Afrika Bambaataa a grandi dans le ghetto et sa seule famille, c'est le gang. Toute une littérature journalistique s'est consacrée aux Etats-Unis à la chronique de la guerre des gangs, et à promu le mot *rumble*, combat de rue entre bandes rivales, à l'état de lieu commun. Du célèbre *West Side Story* à *Orange Mécanique,* sans oublier le génial *Motorcycle Boy* de F.F.Copolla, où le mot *rumble* a une importance toute particulière, le cinéma américain nous a nourris de ces fictions cruelles, violentes et symboliques.

Afrika Bambaataa n'a pas été un héros de cinéma. Membre des *Black Spades* (les nègres noirs), un gang de jeunes noirs qui écumaient New York au début des années 70, il passe sa première jeunesse dans cette caste-famille, qui a ses règles, dont la première est de semer la terreur ; vol, bagarre, drogues dures, viol, meurtre constituent l'ossature du programme. Jusqu'au jour où son meilleur ami meurt sous ses yeux, tué à coups de couteaux ; jusqu'au jour aussi où Afrika Bambaataa rencontre le rap. De cette rencontre entre la mort et la parole va naître un mouvement dont il sera le Grand Maître.

Avant toutes choses, Bambaataa est un rappeur. Il fut un pionnier du *DJing* des premières heures, et sa virtuosité incomparable dans le maniement du *sound-system* fit très rapidement de lui l'égal de Kool Herc et de Grandmaster Flash. Il officiait dans le Bronx. Il se signala dans les *parties* dès 1976.

En 1982, date essentielle de l'histoire du rap, il se fait remarquer en sortant un album révolutionnaire, *Planet Rock* [13]. Si Grandmaster Flash s'était signalé à la critique pour la teneur de son message, Afrika Bambaataa émerveilla par la virtuosité de ses fantaisies sonores, où il donnait libre cours à son sens de la reconstitution. Tout comme Grandmaster Flash, ses expressions et ses trouvailles se retrouveront dans tous les raps à venir. Son goût pour les sons les plus divers eut tôt fait de l'orienter vers toutes les formes de musiques connues : il convie Bethoveen, Kraftwerck, la Panthère rose, les Beatles, les chanteurs du Burundi et bien d'autres à des rencontres inattendues. Ses *versions* sont cosmopolites et encyclopédiques. Peut importe d'où vient le son, ce qui compte c'est ce qu'on en fait. Par lui, nous sommes au seuil d'une nouvelle musique.

Après avoir vu, au cinéma, un film historique intitulé Zoulou, et dont le thème était la lutte entre le peuple Zoulou et l'armée Britannique au siècle dernier, il choisit son nom d'artiste : Afrika Bambaataa, qui signifie, semble-t-il, Maître bien-aimé, et fonde en 1976, à New York, la Zulu Nation. Ce rassemblement pluri-ethnique se définit par toute la culture hip hop : break-dance, rap, *tags**. Celle-ci rassemble tous les jeunes qui adoptent le message du leader. Paix entre les hommes, fin de la notion de race, fin de la violence, fin de la drogue, fin de la haine, telle est la charte de toutes les nations zulus, éparpillées sur la planète, de

---

13. Afrika Bambaataa and the Soul sonic Force, *Planet rock,* Tommy Boy.

Paris à Tokyo, en passant par Rome. Chacune de ces nations est dirigée par un roi ou une reine, qui veille au respect des règles non-violentes du mouvement, et investi par Bambaataa lui-même. Il faudrait pouvoir parler plus longuement de cette jeunesse, mais c'est à elle que revient le droit exclusif de se présenter au public. Les associations qu'elle a fondées essaient tant bien que mal de protéger l'appellation « Zulu ».

On peut remarquer que Bambaataa reprend à son compte la forme du gang, pour le transformer en *Nation* ou en *Family*. Les *Zulus Nations* sont organisées sur le modèle des armées zoulous du siècle dernier. Il reprend aussi la forme de la violence de rue (mais le mot *rumble* disparaît du lexique ; sans doute était-ce un mot blanc). Cette violence devient verbale et rentre à merveille dans le cadre du rap : message, *leadership*, violence totale mais contenue et canalisée dans la parole, militance, espoirs mythique et religieux, tout le contenu du rap, toute sa « noirceur », sont mis au service du mouvement. La parole se subsitue à l'acte.

Sous l'influence déterminante de cet artiste, le rap se réoriente vers une universalité inattendue. Le STVM, *Stop the violence Mouvement*, rassemble la plupart des rappeurs de ces cinq dernières années. Bien sûr, cet appel est d'abord destiné aux jeunes noirs des ghettos américains, que l'on exhorte à l'union et au travail plutôt qu'à l'émeute, mais il s'adresse aussi à la jeunesse du monde : « cesse de boire, cesse de te droguer ou de vendre de la came, rejette la violence, ton espoir est dans la fierté de tes origines et dans l'abolition du racisme » : tel est le message.

Le STVM devint une sorte de parti ; tous les rappeurs s'y rencontrèrent et donnèrent un album collectif, qui est un véritable manifeste :

*Introduction : Nous sommes tous d'accord ce soir, tous les orateurs se sont mis d'accord sur le fait que L'Amérique a un très sérieux problème... Il n'y a pas que l'Amérique qui a un très sérieux problème, mais notre peuple a un très sérieux problème. Le problème de l'Amérique c'est...*

*Auto-destruction, tu vas tout droit à l'auto-destruction (bis).*

*KRS-One : Bon, le thème d'aujourdhui c'est l'auto-destruction, c'est pas vraiment le public du rap qui fait problème, c'est un ou deux enfoirés, des frères ignorants, essayant de se voler et de se déposséder mutuellement. Te voilà pris dans la mêlée, alors pour briser ce stéréotype, voilà ce qu'on a fait, nous nous sommes rassemblés pour que tu puisses t'unir, et combattre pour ce qui est juste ; pas négative, notre façon de vivre est positive, nous ne tuons pas nos proches.*

*MC Delight : (...), les tueries entre noirs, c'est ce qui se passait avant [que ne commence] notre Temps.*

Suit toute une théorie de rappeurs qui brodent sur ce thème. Puis arrive le tour de Ms. Melodie :

*Je suis Ms. Melodie et j'suis né une seconde fois, rebelle, la violence dans le rap doit cesser et disparaitre si nous voulons nous développer et nous hisser à un autre niveau, on sera pas des cobayes pour le diable, l'ennemi sait que nous ne sommes pas dingues, car chacun sait que ce sont les règles du hip hop. Alors saisissons et étouffons dans nos mains ce qui est mauvais, l'opposition est faible mais le rap est fort.* [14]

Le rap se donne comme une autre forme d'opposition, comme un devoir aussi : ce sont les *hip hop rules*, les règles du hip hop. C'est à Afrika Bambaataa que l'on doit cette notion de codex, qui fait de la culture hip hop une manière de vivre selon une discipline librement consentie.

Inventeur de sons, Afrika Bambaataa est aussi celui qui fut le premier à unir consciemment militance noire et rap. Fortement influencé par les théories afro-américaines, il se sent aussi en communauté d'esprit avec le mouvement reggae : besoin de racines (*roots*), retour à la Terre Promise, l'Afrique perdue ; c'est toute une mythologie que Bambaa-

---

14. Stop The Violence Movement, *Self-destruction*, in : Hewitt & Westwood, 46-7.

taa réintroduit dans le rap. Elle devient la Terre Mère, la fin d'un exil de quatre siècles.

Mais, contrairement au mouvement Ras Tafari qui sous-tend le reggae, ce *Back To Afrika* est consciemment vécu comme un mythe. Personne ne doute que l'avenir des noirs américains se joue aux Etats-Unis. Ce que propose Bambaataa, et le rap avec lui, c'est de donner un sens à la vie du jeune noir, c'est lui faire comprendre qu'il y a une histoire dans laquelle il a sa place, comme les autres. Tous les rappeurs attendent la reconnaissance officielle de leur histoire.

Cependant, Afrika Bambaataa est le premier rappeur qui a voulu dépasser le cadre du problème noir américain. Il a voulu en faire un modèle universel. Il n'est pas difficile d'imaginer combien il eut à lutter contre la tendance naturelle du rap politisé des années 80, tendance qui le portait à se cantonner au seul problème noir américain. C'est par lui que la culture hip hop est sortie de son milieu d'origine.

*Au moment où le monde va vers de dramatiques changements/ Et alors que toutes les Nations se préparent pour le jugement final/ Par l'Un Suprême/ [suit une énumérations de peuples d'Afrique et d'Asie]/ Et bien qu'Il ait envoyé des prophètes, des messagers et des mises en garde/ A chaque Nation sur/ Cette planète que vous appelez Terre/ Vous n'avez pas entendu l'appel [suit une litanie sur les prophètes et la musique]/ C'est LUI et alors/ Afrikaa Bambaataa et la Famille/ Qui sont parmi les disciples/ Pour contribuer au changement, à la conscience/ à la paix, l'unité, l'amour et la joie/ La connaissance de la sagesse et la compréhension (...) Voici de la / Musique radicale/ Et à vous/ Tous révolutionnaires/ De l'ordre de l'Un Suprême/ Vous devez penser/ et danser/ danser, danser, danser/ Afrika Bambaataa* [15].

Un rien pompeux, ce passage montre assez la religiosité syncrétiste qu'essaie de promouvoir Bambaataa.

L'importance d'Afrika Bambaataa dépasse de beaucoup le cadre, déjà riche, du rap. Plutôt rétif aux manifestations

---

15. Afrika Bambaataa, *The Light*, déjà cité.

de bonne volonté qui ont rempli les stades depuis dix ans, il préfère proposer un corps de doctrine. Sans doute, pourra-t-on mesurer plus tard le poids qui est le sien dans l'émergence actuelle de la *world culture* [16], cette culture-monde, dont l'assise idéologique est tout entière contenue dans le message de Bambaataa.

---

16. A cette *world culture* correspond une musique, ou pour être plus fidèle, un son : la *sono mondiale*. On pourra se faire une idée de cette nouvelle culture musicale en regardant l'émission télévisée *Mégamix*, sur la Sept, et plus encore, en écoutant l'extraordinaire et merveilleuse Radio Nova, qui émet sur Paris, sur 101.5 FM.

## Chapitre II

## *L'entrée dans le rap*

Le rappeur dit souvent comment il l'est devenu, par une sorte de conversion, en donnant à ce terme sa signification religieuse de passage d'un monde profane à un autre monde, sacré, par un passage qui prend la forme d'une rupture avec la vie antérieure — « le vieil homme » — et d'une initiation, productrice d'un homme nouveau, le rappeur.

*Sais-tu pourquoi j'écris tout ça ? C'est parce que je me rappelle / le mec bloqué que j'étais pour qui la vie n'était pas belle / Tu m'as remonté le moral, remis en forme / Explosant mon cerveau de mots qui firent de moi un homme (Lionel D., fra.).*

La rupture avec le monde peut avoir plusieurs sources, parmi lesquelles un rejet de l'école bien souvent dénoncée comme ennemie du rappeur :

*J'en ai marre de l'école / Je ne fais qu'y perdre mon temps / J'y suis à mauvaise école / Si je veux m'en sortir vivant / Maintenant je lâche tout / Tu me prendras pour un fou.*
*(Coloor, Fra.)*

Cet extrait fait bien la différence entre l'école où l'on va, et celle dont on rêve : « j'y suis à mauvaise école » semble bien indiquer qu'il en existe une « bonne ». Cela rappelle fort les propos de Rap Brown sur son enfance où, déjà, il sentait la différence entre la poésie scolaire et la sienne, celle de la rue, que le professeur ne voulait surtout pas écouter.

Il faut bien sûr préciser que bien souvent le rappeur dit *Je* en pensant *Nous*. Il parle au nom des autres, il en est le délégué, et traduit ce que pense son auditoire, il témoigne pour lui. Il se trouve que l'auteur du texte qu'on vient de citer est étudiant à l'Université. Il se fait le porte-parole des jeunes de banlieues populaires, soumis à un régime scolaire qui méconnait leurs aspirations. Nombreux sont les « cahiers de brouillon » qui sont en fait des « cahiers de rap ». Nombreux sont les élèves qui se cachent en classe pour écrire leurs textes. Ce *Je* collectif est celui d'une communauté, d'un cercle.

On y entre comme par initiation :

*Je n'avais que quinze ans, j'étais déjà initié / Dans ce mouvement tout neuf qui venait d'arriver / Il ne m'a pas fallu longtemps pour m'inculquer / L'art et la manière de rapper / Je rodais mon cerveau avec des mélodies / C'est pour ça qu'à ce moment là on m'a appelé M Wi Di » (David Koné, fra.).*

Cette conversion, cette entrée dans le rap, ressemble à un saut dans un autre monde, à une marginalisation volontaire :

*Il y avait un renoi du nom A.L.I.B.Y. / Dont la conduite il peut le dire n'était pas très impec / Ayant toujours des problèmes avec l'école et les keufs / Et tous les salauds de sa cité qui lui sortaient du bleuf / Il décida de se donner un nouveau caractère / de ce bâtir un nom dans cette putain d'nation / Pendant une époque son entourage le traita de fou / Car il avait adopté le parfait style Zulu / Des gross'beebock pantalons larges il avait pécho le style / Mais les cailleras de sa cité le prenaient pour un débile.*

*(Aliby, fra.).*

On voit à travers cet extrait deux piliers essentiels de l'aspect initiatique des signes du rap : le nom à bâtir et l'argot.

Le nom du rappeur est bien plus qu'un nom d'artiste, bien davantage qu'un simple plaisir ou qu'un désir de discrétion.

C'est un masque, et il est obligatoire. On se souvient des paroles d'Ice-T dans *Drama* :

« *Quel est ton vrai nom ?* », *j'me rabats sur mon pseudo, je connais les règles du jeu, s'ils savent pas qui tu es, alors y sauront jamais c'que t'as fait.*

Le déchiffrement du nom du rappeur est bien souvent une gageure pour « celui qui ne sait pas ».

Spoonie Gee, rappeur américain des premiers temps : *Gee* signifie G, initiale de son prénom, Gabe. *Spoon*, la petite cuillère, parce qu'il n'a jamais su manger, dit la légende, qu'avec ce petit couvert.

LL Cool J, une célébrité du rap outre-atlantique nous indique modestement que *Lady Love Cool James*, les dames aiment James le cool.

Deux exemples parmi des centaines, où la codification est bien souvent renforcée et scellée par des connotations argotiques. L'esthétique de ces pseudonymes est très influencée par celle qui entoure de mystère les héros de bandes dessinées américaines à quatre sous, les *comix*. Les films populaires de Kung Fu ont, de même, joué un grand rôle dans l'élaboration de cette codification patronymique. Des noms comme Grandmaster Flash, Dr Dree, Professor Griff, MC Tee, Mantronix, Force Mds, KG of The Cold Crush, Ice-T, Big Daddy Kane et autres Terminator X pourraient sans difficulté revenir dans les *comix* américains, aux côtés de Mandrake, Fu Man Chu et Batman. Mais à cette première lecture, enfantine, il convient d'ajouter le sens argotique, qui revitalise complètement ces surnoms.

L'argot a toujours eu une fonction ludique très prononcée ; elle est dans le rap, où l'argot procure du plaisir : celui de mal parler, ou de ne plus parler « comme il faut ». Plus encore, l'argot pose une frontière, celle que ne peuvent franchir les non-initiés. L'usage de verlan par le groupe américain De La Soul, et d'une manière plus systématisée, par le rap français, est à cet égard révélateur. On peut tenir pour certain que sans un papier et un crayon, nombreux sont les français qui ne peuvent déchiffrer le verlan utilisé par Aliby, (second exemple de la page 90).

Le rap, français ou américain, constitue sans doute actuellement l'art populaire qui utilise l'argot de la manière la plus parfaite. Il vaut billet d'entrée.

Plus encore, le rap réintroduit l'argot dans l'art, ce qui n'avait pas été fait depuis très longtemps.

Mais l'argot n'est qu'une facette de cette conversion. Le besoin de se sentir entré dans une nouvelle famille, une nouvelle nation (aussi peu nationaliste que possible !) est essentiel au rappeur :

*La Zulu nation c'est une bonne situation / Ce n'est pas du tout une compétition / Il suffit seulement de se donner à fond / Et de faire la fête à toutes les occasions.*
*(Rapsonic, fra.).*

Zulu Nation ou autre rassemblement, ce qui compte c'est de se sentir en rupture avec son premier mode de vie ; il y a retournement. Comme tous les héros de bandes dessinées, personnages essentiels de l'imaginaire des rappeurs, ceux-ci connaissent une mutation, nominale, langagière et vestimentaire. Comme Zorro, comme Superman, comme Spider Man, ils sortent du monde ancien par un déguisement, qui fait d'eux des héros. Il n'est pas inutile de se souvenir qu'un groupe américain, peu connu, s'appelait Dr Jekill & Mr Hyde. De cette mutation, le rappeur tire une autre part de son statut : c'est un justicier.

## Chapitre III

### *Le message et son hérault*

Le message du rappeur, c'est d'abord que le monde est devenu l'empire du mal. Le rappeur cherche à dire la désolation du ghetto ou de la banlieue, et loin de cacher ses origines, il les assume.

Dans la version raggamuffin du hip hop, la thématique ras tafari est intégralement reprise : la cité, c'est Babylone, la Grande Prostituée, la Corrompue.

> *Babylone s'effondrera, Jah sait que je ne suis pas un joker (Tonton David, fra.).*

Cette idéologie religieuse d'origine jamaïcaine est assez discrète dans le rap américain, encore que l'on en retrouve la trace chez KRS One ou Divine Styler. Le raggamuffin français développe toute la symbolique « rasta », reprise par le hip hop, avec ses emblèmes, dont le plus courant est une Afrique aux trois couleurs portée en médaillon.

> *Le rouge pour le sang que l'oppresseur a fait couler / Le vert pour l'Afrique et ses couleurs / Jaune pour tout l'or qu'ils nous ont volé / Noir parce qu'on n'est pas blanc, on est tous un peu foncés / Symbole d'unité africaine de solidarité (Tonton David, fra.).*

C'est là l'expression conventionnelle de l'africanisme que l'on retrouve dans toute la culture hip hop. Elle sert de base à la tonalité prophétique du rap.

*Eh raggamuffin sortez de votre torpeur / Fini le temps des larmes fini le temps des leurres (id.).*

Désignée ou non, Babylone est la cible de toutes les dénonciations du rap :

*Des morts, des morts, on voit que ça, le mal nous ronge / On vit dans un monde de tueries et de mensonges / On se demande s'il y a un Dieu qui veille au-dessus de nous / Manifestez vous s'il vous plaît, je vous le demende à genoux.*
( Menas, « je suis un beur », fra.).

C'est bien souvent la drogue qui constitue le thème récurrent de toutes les dénonciations, nous l'avons vu dans le rap américain, et le rap français n'est pas en reste :

*Coke, crack, de nouveau la drogue attaque... / Le dealer vend la mort à chaque coin de rue (Colors, fra.).*

Le SIDA est beaucoup plus présent dans le rap français :

*Le Sida c'est la maladie des innocents.*
*(David Koné, fra.).*
*S.I.D.A. oui, c'est à cause de lui / Que chaque pas vers une meuf nous fait flipper.*
*(Menas, fra.).*

La sexualité, pour ne pas parler de l'amour, est très souvent marquée par la désillusion ; on attend encore un rappeur dire qu'il aime une femme. De LL Cool J, qui ne cesse de vanter ses exploits sexuels à 2 Live Crew qui ne parle des femmes que « vues d'en bas », le rap américain nous a habitué à une vision très sommaire de la féminité. Le groupe français New Generation a, dans « Toutes les mêmes », résumé la position du rappeur vis à vis des femmes : elles ne constituent pas leur espoir. Elles font trop souvent partie du camps « d'en face » ; elles sont trompeuses.

Si amour il y a dans le rap, c'est un amour au sens chrétien du terme qu'il faut chercher. Manifestement, l'amour du prochain passe avant l'amour de la femme.

> *Il faut s'entraider et surtout s'aimer... / Aie la foi, il faut que tu y crois / Profite de ta jeunesse sans maladresse / cette paresse ça te rabaisse (Rapsonic, fra.).*

Cet appel à la foi est doublé en parmanence par la colère ; c'est elle qui donne le ton.

> *La haine au coeur — enrage comme jamais / Bats toi mon frère — ne te fais pas faire comme un vers — Il est temps d'exprimer — ta rage, ton hostilité / Au système forfaitaire — qui vend l'humanité (Colors, Criminal Bass, fra.).*

On retrouve dans ce bref extrait comme un condensé du système-rap : il exprime la colère et la rage, des mots que l'on retrouve chez Grandmaster Flash aussi bien que chez Public Enemy, l'envie de se battre, *hittin'hard* dirait Kool Moe Dee, et ne pas se laisser avoir, ce fameux *don't believe the hype*, qui est une des grandes exigences du rap.

Dans cette forme que l'on appelle message, le rappeur fait rentrer la substance, variable ou redondante, par laquelle il définit ses choix. Tel est le sens de ce rap politisé, tel qu'il est apparu aux Etats-Unis, celui de Public Enemy, et à un degré moins brillant, celui de NWA. On trouve aujourd'hui en France, et notamment à Marseille, des groupes dont les paroles sont radicales ; délaissant les fantaisies verbales, ils développent des thèses plus violentes, du moins « en parole ». On y sent une très forte inspiration de Public Enemy, qui a su donner à ses textes un ton politique et subversif très fort, mais qui est résolument resté dans le rap.

## Chapitre IV
### *Le rap en action*

Un des des traits essentiels du rap, c'est qu'il se montre très souvent en train de se faire. La rime y procure plus que du rythme, elle se montre. C'est avec beaucoup d'humour que tous les rappeurs présentent leur art :

*Mais viens donc te joindre au Maître d'Esprit, le suprêmiste de la rime dure, mes rimes te prennent, je les mélange comme un chimiste, mes rimes s'écoulent comme $H_2 0$, nettoyée avec de la chlorine, la voici qui devient verte, la rime est purifiée, tu peux la boire... (Kool Moe Dee, amer.).*

La rime est donc bien souvent un effet d'alchimie ; elle est aussi présentée comme un charme, qui rend fou, qui rend autre.

*Sur ce rythme affolant ce style étonnant (Rapsonic, fra.).*
*Critère supérieur, nous devons activer, simuler l'hystérie. (Mantronix, amer.).*
*Ce rap est vitamine / Ce rap est protéine / Il est plus nourrissant qu'un repas chez Mélodine (Solaar, fra.).*

La vantardise et la glorification du rappeur par lui-même font partie des règles du jeu.

Mais ce qui frappe le plus, dans la forme du rap, c'est qu'il se chante lui-même se faisant. Cette activité poético-réflexive du rap lui est essentielle ; parler de soi en train de parler, l'exercice est difficile et exige une grande dextérité dans le maniement des mots. Le rap entretient une relation circulaire avec lui-même, puisque l'on rape sur un thème qui n'est autre que le rap en train de se faire. On a l'impression que le rappeur court après ses propres phrases, ses propres rimes pour les saisir à l'état naissant et rendre compte de leur production au moment même où elle s'accomplit.

La circularité réflexive (Garfinkel, 1987) est liée à l'herméneutique dont on sait qu'une de ses sources est dans les problèmes que pose l'exégèse de la Bible. C'est la théorie du livre « déjà lu » et toujours en train de se lire, qui avait tant frappé Borgès. Cette attitude devant le texte se retrouve dans le rap, où l'on écoute la rime pour anticiper celle qui va suivre, où l'attention se fixe sur ce qui « rime avec rime », attitude dont la liberté est limitée par la bonne volonté du rappeur.

*Je suis au travail, comme un architecte, je bâtis une rime qui parfois s'élève dans une telle érection que les gratte-ciel ne sont plus que des atomes, les voitures des électrons qui circulent canalisés, écrivant mot après mot, après chaque lettre elle devient visiblement meilleure, car sur cette fondation, s'est bâtie une nation de rappeurs (Kool Moe Dee, amer).*

Cette métaphore du rappeur architecte, où chaque rime joue le rôle d'une brique, montre encore le rap en train de se faire, de se construire. Le gérondif anglais et l'idiome français « je suis en train de » sont des marqueurs importants dans tous les textes ; leur omniprésence atteste l'actualité — au premier degré — du rap.

*De cette métaphore hip hop du symbolisme, on a tiré mon nom, le prédateur. En éjectant les MC un à un, par la magie des mots, et par la torsion de ma langue, je la programme mentalement, chimiquement... (Mantronix, amer)*

Le rappeur a toujours un temps d'avance sur ce qu'il dit lui-même ; comme le dit MC-Tee, auteur de l'exemple précédent, il programme mentalement. Voici Suprême NTM en action :

> *Evitant toute erreur / J'attaque avec saveur / Fouettant l'auditeur / Le touchant en plein coeur / Je gonfle l'argument / le structure largement / Je rappe... / Car je vais et viens / Sans aucun accroc / Normal pour un pro / Cette parole est dosée, pesée / Pour renforcer, rehausser / La qualité de mon phrasé*

Se plaçant « aux sources du poème entre le vide et l'événement pur » (Valéry, Le Cimetière Marin), il semble bien que le rap ait une formule secrète, qui n'est nulle part ailleurs que dans le seul fait de rapper. Le métier de rappeur — *I go to work*, je vais travailler, dit Kool Moe Dee — le travail accompli sur la langue, voici l'essence même du rap. Tel est le secret de l'initiation, du rappeur et de sa production.

La place de l'Ego dans la culture hip hop est essentielle.

Cette affirmation qui passe toujours par un affichage patronymique, « je suis Un Tel, On m'appelle Un Tel, Appelez Un Tel, etc... », se retrouve dans la pratique du tag. Le tag est un graffiti, mais qui ne représente que la forme stylisée du nom du taggeur. Il l'inscrit partout où il passe. L'étude des tags reste à faire, mais on ne peut que rester frappé par la puissante analogie qui unit taggeur et rappeur : dire son nom, ou plutôt, l'imposer.

MC-Tee, un des meilleurs auteur américain, a écrit cet extrait, où l'on sent, plus que jamais, l'étroite union qui imbrique le sens et la rime, l'un justifiant l'autre et inversement.

> *Sing up, sing out, sing oh, or sing why*
> *Sing upon the song, sing the song is I.*
> *(...)*
> *So come along come on and sing the song*
> *Learn the lesson to the question*
> *Which is right nor wrong*
> *Take it as you see*
> *But first you must know why*

*The king is in the song*
*And yes, the song is I.*
*Chante-ci, chante-ça, chante oh, ou chante pourquoi, chante sur le chant, chante que le chant c'est Je (...), Alors viens voir, allez viens, et chante le chant, apprends la leçon sur ce qui est bon et ce qui est mauvais, prends le comme ça vient, mais tout d'abord tu dois savoir que le roi est dans le chant, et en vérité, le chant c'est Jeu.*

Cette assimilation entre *song* (chant) et *I* (moi) est filée tout au long de ce rap éblouissant, qui se termine par une rime codée à l'excès, hermétique, et où seul compte, semble t-il, le plaisir de voir les mots se dérouler pour finir leur course sur un Moi majestueux :

*Leaving a fragment of hope*
*Cause I'm the ALL with the MI the GHT*
*And the Y will conclude what results of ME.*
*Laissant un fragment d'espoir, parce que je suis le TOUT avec le PU le ISS et le ANT concluera ce qui résulte de MOI. (Mantronix, amer.)*

Cette écriture, se nourrissant d'elle-même, qui fait éclater les mots du registre religieux pour les fondre par une sorte d'alchimie en MOI ; cette tentative d'écart extrême avec le langage usuel, qui déstructure et recompose ; cet art, en somme, est bien le signe d'une poésie authentique, qui, pour reprendre ce que disait Rap Brown des *dozens*, a plus de leçons à donner qu'à recevoir.

## Chapitre V

## *Rap et politique*

De Kool Moe Dee à Public Enemy, les rappeurs ont poussé le Message à son plus haut degré de colère. Ils en ont filé tous les thèmes, ils en ont développé toutes les métaphores. Avec eux, l'héritage des *Last Poets* se fait plus explicite. Plus encore, le rap issu du Message est truffé de références à Martin Luther King ou à Malcom X.

Le fait est important. Les vieux héros de la conscience noire américaine semblaient voués aux statues publiques et aux études universitaires : ils n'avaient plus rien d'actuel, et leur mémoire était entretenue par des groupuscules de fidèles. Ils appartenaient aux années 60, comme les hippies. Leur réhabilitation, leur déstockage des archives, est un trait marquant du rap américain. La morale du Message, la poétisation du ghetto des *Last Poets*, le mal-vivre des années 80, sont les trois éléments qui ont concouru à ce retour en force des martyrs noirs, Martin L. King, Malcom X, et des grands leaders actuels, Jesse Jackson ou Louis Farrakhan. Toutes les couvertures, ou presque, en font l'éloge. Le groupe Zapp a fait un rap funky extraordinaire à la gloire du candidat noir à la présidence, J. Jackson [1]. Les Public Enemy n'ont de cesse de se rattacher à la mouvance de

---

1. Zapp, Vibe, Reprise,7599-25807-2.

Louis Farrakhan, l'héritier spirituel de Malcom X et d'Elija Muhammad. Kool Moe Dee mélange allègrement dans ses raps les hommages à King et à X. Ce jusqu'au-boutisme politique est illustré par le dernier album de Professor Griff.

C'est donc toute une tendance du rap américain que de reprendre le flambeau d'une musique noire pour noirs, et c'est aussi une de ses réussites majeures d'avoir intégré ces préoccupations intellectuelles dans une musique populaire, ce que n'avait su faire le Free Jazz [2]. « Que sont les activistes noirs devenus ? » se demandait en 1986 une spécialiste de l'Amérique noire. « Dans l'Amérique de Reagan, il faut les chercher à la loupe. C'est tout juste si au détour d'une conversation, à un sourire en coin, à une étincelle du regard, on sent pointer une nostalgie, un regret furtif » [3]. Ce constat s'appuie sur le fait qu'il n'y a plus aujourd'hui aux Etats Unis de Marcus Garvey, de Rap Brown, de Franz Fanon, d'Angela Davis, bref de ces grands leaders charismatiques et promoteurs d'une idéologie « afro-américaine » structurée. Ce constat est un cas de surdité. Ecoutons le rap, et nous entendrons le grand orgueil d'être noir et la révolte contre ce que les *Last Poets* appelaient les royaumes à blanche dimension [4].

Nous y entendrons ce que disait Malcom X en 1966 : « Le blanc a blanchi l'histoire à tel point que les professeurs noirs en savent à peine plus long que les Noirs les plus incultes sur le génie des civilisations, les cultures noires d'il y a plusieurs millénaires » [5].

Cette intrusion systématique du discours militant dans le rap est dûe, à l'origine, à Afrika Bambaataa. Mais lorsque Keith LeBlanc sort son disque *No Sell Out*, celle-ci devient ostentatoire. LeBlanc choisit en effet de créer sa ligne

---

2. Voir Carles et Comolli, 1971.
3. Berheim, 1986, 69.
4. Dans *Wake up Niggers !*
5. Malcom X, in : Carles et Comolli, 1971, 26.

rythmique à partir d'un discours enregistré de Malcom X, dont le leimotiv était : « La seule chose que la puissance respecte c'est la puissance,... Il n'y aura plus de fric-frac, on sera plus à vendre (*no sell out*) ». Cette politisation du rap fut d'autant plus spectaculaire que la veuve de Malcom X elle-même souligna publiquement qu'elle autorisait ce détournement sonore. Le rap avait adopté la militance, et celle-ci le lui rendit bien.

Dans le petit florilège qui suit, il manque bien sûr la musique, le *sound*, et le rap lui-même. La fureur de dire et l'agression sonore sont des parties constituantes du Message. Il souffre aussi de la traduction, qui est une réduction. Mais on y verra les thèmes récurrents du rap protestataire, qui ne sont rien d'autre que ceux de la militance des années 60, à peine déformés par la stylisation. Glorification du passé de l'homme noir, glorification de la couleur noire, dénonciation des échelles de couleur, dénonciation du bluff de l'histoire blanche, dénonciation de l'archétype du brave nègre, l'oncle Tom.

Kool Moe Dee :
*Peux-tu la sentir, la tension dans l'air, le racisme, la violence partout, ça m'effraie, maintenant elle est là, une justice raciale, c'est le moment d'en parler, j'suis dégoûté, j'ai pas confiance, de quoi elle parle cette évidence nouvelle qui apporte le doute, celui qui s'en prend à King devrait recevoir des claques, prendre le chemin de Kennedy ! Témoigner ! Les histoires contradictoires et les conflits ont fait l'homme noir, dis qu'il faut que ça finisse, ça ne doit plus jamais recommencer... Nous sentons la colère de ce qui nous est arrivé dans le passé, qui nous a fait prendre un sentier tracé par l'esclavage, malgré le courage, nous avons perdu notre unité, notre source de pouvoir et nous avons perdu tout honneur de race dans notre holocauste, maintenant voici mon credo : je viens d'une race très forte, mes ancêtres c'est vrai ont dû saigner, fouettés jusqu'à ce qu'ils s'affranchissent, et maintenant je regarde en arrière et j'dis zut, comment a-t-on fait pour accepter l'esclavage physique, j'veux plus que ça se reproduise, regarde à présent c'est mon voeu... Mais à présent sommes nous libres ? Là maintenant ? Laisse parler la réalité,*

*ne vois-tu pas ton esclavage mental, c'est une maladie qui te ronge comme un cancer, et l'argent sera pas une solution, ne t'avancera pas, ne prends pas de risques, dis, tu t'estropies à vendre de la drogue pour la gloriole, c'est l'affaire des hommes faibles, c'est une honte, t'as des chaînes dans le cerveau, tu donnes des drogues aux gamins et tu passes la moitié de ta vie en prison...* [6].

Big Daddy Kane :
*Prends toi par la main, ouvre les yeux, ouvre toi à l'exercice que va te faire le professeur, c'est le plus important, t'as besoin de connaissance, bon je vais t'en donner, écoute le rap, permets lui de piéger ton âme et ton corps, alors adapte-toi à l'homme qui dirige la barque, c'est moi qui t'emmène, aussi puis-je (oui, tu le peux) être fier d'être un homme noir, je viens à point nommé, j'en serre cinq aux autres frères, que la grâce et la paix soit avec chacun d'eux, avec mes frères et mes soeurs, oh pour toi ma mère, quand je dis mère je veux dire terre mère, mais d'un autre côté un homme différent a matraqué et baillonné nos ancêtres, mais on l'a battu par la liberté, que soit béni le pays d'où nous venons tous, parce que notre devise à tous c'est « nous reviendrons, » nous referons tout le chemin de Malcom X à Farrakhan, Martin Luther était un maître, beaucoup furent des élèves, les victimes seront les-sans-scrupule, nous séparer nous ne pourrons jamais... Alors brandis le signe de la paix et tenons nous ensemble, prends garde aux mots de mon manifeste, prends ta place pour combattre le pouvoir, parce qu'on est venu ici avant le Mayflower, nous sommes supérieurs par nature, et la connaissance de soi brise les fers et les chaînes, alors je me proclame moi-même Big Daddy Kane, le professeur professant une leçon qui doit être entendue, c'est pour toi, oh ma mère oh mon frère, découvrez la vérité l'un par l'autre, parce que le vrai point de départ c'est la couleur de notre peau, on n'est ni blanc, ni jaune, ni rouge ou rose, mais la plus grande de toutes les couleurs c'est le noir...* [7]

Les jungle brothers :
*En Amérique aujourd'hui, j'ai le regret de dire qu'il y a comme un problème, ça concerne les Noirs et les Blancs, appelez-moi Mike G, c'est moi, ahh, c'est la société, gonflée de propagande, ah,*

---

6. Kool Moe Dee, *Knowledge is king*, Jive, ZD74195.
7. Big Daddy Kane, *Word to the Mother(land)*, in Hewitt et Westwood, 1989, 13.

*pourquoi faisons nous tous ces détours, c'est une zone où l'on hait la paix, toute ces conneries doivent cesser, tout ce que je suis c'est un homme noir, dans une grosse et puissante main blanche, frère frère soeur soeur, que tu sois demoiselle ou monsieur, écoute s'il te plait ceci : noir c'est noir c'est noir, noir c'est noir c'est noir, noir c'est noir c'est noir c'est noir, noir c'est noir c'est noir, regarde en arrière quand en 68 les frères n'avaient pas la partie belle, ils ont combattu pour les droits civiques (...), Dans les rues ou à la télé, la ségrégation c'était la loi, le Vietnam en plein boum, Martin Luther devait hurler, faut partir, partir, partir, à présent la situation a comme changé, mais ce qui se passe vraiment est assez étrange, c'est que l'ennemi est bien déguisé, on sait pas trop où est notre destin, à travers lui on ne peut oublier ceci : noir c'est noir c'est noir ceci : noir c'est noir c'est noir ! on me juge par ma race par ma couleur, ne sais tu pas qu'on a besoin l'un de l'autre, j'ai besoin de toi t'as besoin de moi, et si c'est pas maintenant tu comprendras bientôt très vite, ma peau café-au-lait n'a pas de sens, et si tu crois que t'es toujours en train de faire un rêve, réveille-toi, réveille-toi, réveille-toi, pour nous c'est pas le moment de se séparer, noir c'est noir et pas bleu ou violet, être noir c'est comme un cercle, le tour, le tour on le fera, je sais pas quand on s'arrêtera, si tu le fais écoute moi, ton imagination te laissera mort, la réalité c'est ce qui est réel, la réalité c'est que noir c'est noir...* [8]

Ces raps d'anthologie parlent d'eux-mêmes ; on y sent la présence de l'image de Martin L.King ou de Malcom X comme référence obligatoire, comme un devoir non pas de souvenir mais de poursuite de leur combat. On sent qu'il est inachevé, on devine un reproche vis à vis des anciennes idoles. Elles se sont battues mais ont cédé face à l'intoxication. Dans *Black is Black is Black*, les jungle Brothers font une allusion directe à M.L.King en parlant du rêve (le célèbre discours qui commençait par « j'ai fait un rêve... ») que doit briser la conscience noire, et ils reprennent le slogan des *Last Poets*, *Wake up, Wake up, Wake up*... Big Daddy Kane fait exactement le même reproche respectueux à la génération de 68. Un des termes les plus repris — en

---

[8]. Jungle Brothers, *Black is Black is Black is Black*, in ibid, 20.

choeur pourrait-on dire — par les rappeurs, c'est celui de la connaissance, *knowledge*, difficile à traduire, car s'y mêlent la notion de scolarité et de conscience de classe autant que religieuse. A elle s'opposent l'intoxication, le bluff, le mensonge dans lesquels sont élevés les jeunes noirs. Pour le rappeur, un contre-lavage de cerveau s'impose. Il faut dire la vérité et dénoncer les manigances. Rendons la parole aux Jungle brothers.

*Mon aïeul était un roi, il portait de grosses chaînes en or et de grosses bagues avec rubis, personne pour croire que c'est vrai, peut-être parce que j'ai pas les yeux bleus, tu le trouveras pas dans ton livre d'histoire, viens voir petit frère et jette un oeil(...), tout c'que tu lis c'est l'esclavage, pas un mot sur la bravoure de l'Homme Noir, regarde les images et tout ce qu'elles montrent, c'est les gens d'Afrique avec des os dans le nez, c'est pas vrai, c'est un mensonge(...), quand j'étais petit ma maman me racontait des histoires sur les combats du peuple noir pour nous apporter la gloire, moi j'croyais que c'était juste pour m'endormir au lit, mais maintenant j'sais que maman me racontait pas des vannes, je sais que l'Afrique est aux Africains, et l'histoire c'est le sang de chaque homme et de chaque femme, page 1 page 2 page 3, toujours pas signe de moi, et si je regarde la table des matières, ils écrivent un petit truc sur nous dans les notes en bas de page, la seule histoire qu'on a faite, c'est quand on tue quelqu'un, quand on viole quelqu'un, pour le reste c'est comme si on n'existait pas...* [9]

C'est donc avec une certaine logique que l'on en arrive à Public Enemy, le groupe de rappeurs qui défraie la chronique depuis trois ans. Ils ne disent pas autre chose que ce que reprennent les rappeurs depuis 1982, et ils se situent dans le droit fil de l'activisme noir :

*Brûle Hollywood brûle, je sens l'odeur de l'émeute, et puis d'abord ils sont coupables, maintenant ils ont filé, ouais je regarde un film, mais il m'en faudrait un noir pour que ça me touche, qu'on me balance cette télé en enfer, toutes ces nouvelles et ces images sont indignes de moi, parce que tout c'que j'entends c'est des coups de*

---

9. *Done by the force...*, déjà cité, *Acknowledge your own history*.

*fusil qui retentissent, entre gangs qui se jettent les uns sur les autres la tête première, alors je préfère sortir mon argot, c'est bon les gars faisons l'aumône à Hollywood et peut-être qu'ils ne nous travestirons pas comme je sais qu'ils l'ont fait, mais y a des choses que je n'oublierai jamais ouais, alors prends et détruit cette merde pour toutes les années où on a ressemblé à des clowns, la plaisanterie est terminée, sens la fumée qui vient de partout, brûle Hollywood brûle ... En marchant sur le boulevard d'Hollywood, je me dis que ça a du être dur pour ceux qui ont commencé leur carrière dans les films en tenant le rôle des laquais et des servantes esclaves et qui binnent le jardin, combien d'hommes noirs intelligents ont ressemblé à des sauvages quand sur l'écran comme figurant te représente en train de jouer le brave noir à la plantation, qu'est ce qu'un nègre peut faire d'autre dans ce métier ? et la femme ? tu veux tenir le rôle d'un avocat ? hors de question ! alors qu'on nous laisse faire nos propres films comme ceux de Spike Lee, parce que les rôles qu'on nous offre ne me plaisent pas, il n'y a rien que l'homme Noir puisse faire pour gagner de l'argent, brûle Hollywood brûle* [10].

Le Rock, la pop music comme l'on dit chez les mauvais disquaires, a toujours eu ses contestataires, de Woodstock au dernier concert en faveur de Nelson Mandela. Mais aucune des écoles du Rock n'a semble-t-il confondu volontairement avec autant de force la contestation et la colère. Ces quelques extraits parlent d'eux-mêmes, et la critique n'en serait qu'une longue paraphrase.

Ils ont éclairé les filiations politiques et sociales qui unissent les militants noirs des années 60 aux rappeurs, par l'intermédiaire des *Last Poets*.

---

10. *Fear of a Black Planet*, déja cité, *Burn Hollywood Burn*.

# CONCLUSION

Le rap est-il aussi neuf qu'on veut bien le dire ? Ses origines multiples, *raggamuffin*, soul, funk, *Last Poets*, *Black Power*, ces racines que l'on arrive à situer ici et là, tant dans le texte que dans les techniques musicales, ne sont-elles pas le signe d'une hybridation sur un fond ancien et bien connu ? L'étude des origines et des influences a été commencée par les rappeurs eux-mêmes, car ils ont eu rapidement besoin de savoir d'où ils venaient. Curieux désordre ! Pour un Kool Herc qui dénie toute paternité au reggae, combien de rappeurs, surtout new yorkais, et même français, qui soutiennent qu'ils sont les continuateurs du reggae. La même confusion règne sur les régimes d'influence funk, DJ, ou *Last Poets*. La querelle des origines vient sans doute de ce que chacun, en fonction de son répertoire, aime à se raccrocher à une école plutôt qu'à une autre. Vaine querelle ; le rap n'est pas de génération spontanée. Il vient d'une rencontre entre un courant musical étranger et proche à la fois, le *toasting*, et une musique noire qui se revitalise à chaque génération. Musique d'adolescents, le rap fut conçu dans et pour le ghetto noir américain.

Très vite, il s'est donné des règles intangibles, coercitives, scrupuleuses. La rime, même populaire et sans académie connue, impose un cadre dont on ne peut sortir que sous les sifflets et la déconsidération. Véritable école de virtuosité langagière, le rap n'est ouvert qu'à ceux qui savent débrider leur imagination dans un moule rigide.

Il faudrait beaucoup de prétention pour faire de *Rapper's Delight* une oeuvre marquante par sa beauté. 1979 est l'époque de la fête et surtout du défi, le *jam\**. Sans le défi entre rappeurs, il n'y aurait pas eu ces règles, ces unités de mesures qui permettent d'établir des critères de valeur. La joute musico-oratoire est le propre du rap, elle en est le creuset originel.

Puis, avec le Message, le rap se trouve une vocation ; il ne parle plus, il dit. Il se donne une mission, qui le rattache dès lors à un demi-siècle d'idéologie afro-américaine.

Enfin, le rap s'est figé : « je ne suis plus un amoureux, je suis un combattant ». Ice-T semble tout dire en peu de mots. Le rap développe en effet depuis maintenant six ans une gigantesque métaphore où le langage se fait arme de guerre. On n'en finirait plus de compter les bombes, les explosions, les massacres, les exécutions sommaires, les rafales, le terrorisme déclenchés en parole par les rappeurs. Voici quelques exemples :

Public enemy : « *la guerre en 33 tours* », « *bienvenue au terreurdrome* » ; Word power : « *mitrailleuse à rimes, un tempo dans la tête comme la balle d'un tireur d'élite* » ; Ice-T : « *tire, retire, frappe, et regarde tous ces mecs que j'ai tués* » ; Kool Moe Dee : « *je suis du T.N.T. !* »

Dans tous les cas, c'est le micro, le rythme, la basse, la rime qui servent d'arsenal « mortel » au rappeur. Il « tue » par la parole. C'est un point fondamental de la culture hip hop ; le mot, ici, remplace le couteau.

Le rap est un genre artistique structuré. Forme et thématique permettent de le reconnaitre immédiatement. Cependant, son avenir reste ouvert. Il a déjà influencé notablement le *raï* algérien, dont on trouve aujourd'hui des formes rappées. L'aventure du rap français est trop récente pour que l'on puisse prédire quel corps thématique finira par s'imposer : le « hardcore » des NTM, le style libertaire du rap marseillais, ou la recherche poétique et le travail des textes à la manière d'un Lionel D. Pour sa part, le rap américain nous a déjà donné de très belles réussites ; mais il n'a pas terminé sa floraison.

Comme l'avait déjà remarqué Adinolfi, l'expérience vécue du rappeur passe par ce voyage très particulier qui le mène de la rue au hit-parade. Cette ambiguïté a beaucoup gêné le rap américain, qui a oscillé entre le désir affiché d'une indépendance réelle et le besoin de devenir célèbre. Nombreux sont les raps américains où est chantée l'élévation sociale du rappeur par le rap. La notoriété et l'enrichissement sont un sûr moyen de sortir du ghetto ou de la banlieue, de ce que l'on appelle « la zone » ou encore « la galère ». La compétition entre rappeurs — et l'expérience française l'atteste depuis 1990 — est certes une forme du rap, mais elle est aussi la manifestation d'un désir individuel, qui peut aller jusqu'à l'obsession, de sortir du milieu d'origine du rap lui-même.

L'avenir du rap est, en partie, entre les mains des media, écrits mais surtout audiovisuels. Il semble que les joutes, essentielles au rap, se déplacent insensiblement de la scène populaire vers le petit écran.

Après ses aventures musicale, poétique, sociale et politique, le rap, et avec lui la culture hip hop, va vivre son aventure médiatique.

Le rap est une nouvelle contribution du peuple noir américain au reste du monde. A la redéfinition du concept de création musicale, à l'invention de nouvelles couleurs sonores, à la réhabilitation idéalisée de la parole, dont de nombreux artistes d'horizons différents ont déjà su se servir, il ajoute un message d'espoir et de lutte, que l'on peut toujours tenir pour du prêchi-prêcha, mais qu'il n'est pas interdit non plus d'écouter attentivement. Sans la haine et le mépris, il n'y aurait pas eu de rap.

Le discours contestataire dans le rap français est en cours d'élaboration. Le groupe français IAM (Imperial Asiatic Man) jouit déjà d'une célébrité enviable. Ce groupe marseillais qui n'a encore produit aucun album et qui n'est connu que par les échanges de cassettes entre B.Boys, ou des émissions de radio ou de télévision diffusées tard le soir [1], ne sacrifie pas les techniques musicales au profit d'un texte plus virulent. Comme chez Public Enemy, il semble que l'espace musical du rappeur se renforce proportionnellement avec les *lyrics*. Reconnaissant volontiers leur dette envers certains rappeurs américains, ils ont à coeur cependant de faire du rap spécifiquement français se démarquant ainsi du modèle américain.

« (...) Nous sommes de nouveaux troubadours. Nous utilisons le français parce que c'est une langue riche et complexe. Les possibilités de rimes sont innombrables. Certains nous reprochent même la complexité de nos paroles, c'est un comble ! » [2]

A l'orée de la nouvelle décennie, le rap, que l'on pensait phénomène purement noir américain, se développe d'une manière originale à Marseille aussi bien qu'à Londres [3]. Danse frénétique et fureur de dire, la devise du rap total, trouve de nouveaux hérauts dans les métropoles européennes.

---

1. France Culture et M6 en particulier. Libération a consacré à IAM une page entière dans son numéro des 28/29 juillet 1990.
2. Cité dans Libération, 28/29 juillet 1990, p. 33.
3. Sur le démarrage d'un rap authentiquement britannique, voir E. Eshun, British Rap, The Face, n° 24/september 1990, pp. 42-47. « Jusqu'à présent, les rap britannique était une plaisanterie. Cherchant son inspiration aux USA, il n'a que rarement produit autre chose que de médiocres imitations. Mais le voici saisi d'un nouvel élan et, s'appuyant sur des experiences et une culture vécues, nos rappeurs ont crée un son bien enraciné, qui est respecté des deux côtés de l'Atlantique... L'accent est mis désormais sur la Grande Bretagne et sur les expériences de la première génération de jeunes noirs britanniques. » Un phénomène comparable au discours de IAM, qui déclare dans Libération : « Les ignorants n'ont aucun avenir ! Certains Blacks ne savent même pas d'où ils viennent ».

Blancs ou noirs, beaucoup d'américains, lorsqu'on leur parle de rap, font la même réponse : *trash*, de l'ordure. Curieusement, c'est le même mot que l'on employait, il y a plus de cent ans, pour parler de Madame Bovary ou de Baudelaire. Plus curieusement encore, il semble que Malraux ait anticipé la réponse possible, en rappelant aux députés français :

« Par conséquent, le véritable problème qui se pose ici — il a d'ailleurs été posé — c'est celui, comme vous l'avez appelé, de la « pourriture ».

Mais là encore, Mesdames et Messieurs, allons lentement ! Car avec des citations on peut tout faire :

*« Alors, ô ma beauté, dites à la vermine qui vous mangera de baisers... »*, c'est de la pourriture ! *Une charogne*, ce n'était pas un titre qui plaisait beaucoup au procureur général, sans parler de *Madame Bovary*.

Ce que vous appelez de la pourriture n'est pas un accident. C'est ce au nom de quoi on a toujours arrêté ceux qu'on arrêtait (...)

Ce qui est certain, c'est que l'argument invoqué : « Cela blesse ma sensibilité, on doit donc l'interdire », c'est un argument déraisonnable. L'argument raisonnable est le suivant : « Cette pièce blesse votre sensibilité. N'allez pas acheter votre place au contrôle. On joue d'autres choses ailleurs. Il n'y a pas obligation. Nous ne sommes pas à la radio ou à la télévision ». [4]

Ce qui est une autre manière de traduire *Don't believe the hype.*

---

4. André Malraux, Discours devant l'Assemblée Nationale, le 27 octobre 1966. Il s'agissait de défendre Jean Genêt, dont on voulait interdire les représentations, car c'était de la « pourriture ».

**GLOSSAIRE**

Ce petit glossaire présente les quelques mots essentiels du jargon du rap. La courte histoire de la culture hip hop, son contenu oral très peu fixé par l'écrit, les évolutions sémantiques rapides dues au succès commercial de tel disque plutôt que tel autre etc... ont contribué à rendre ce lexique assez volatil. Les définitions qui suivent ne sont donc pas d'un caractère académique.

Nous y avons fait figurer, en tant que de besoin, quelques mots n'appartenant pas au rap, mais plutôt au *reggae* et à la *soul music*.

*Back-spin* : rotation arrière, une des astuces techniques du D.J., qui consiste à faire tourner un disque en arrière. Est aussi une figure acrobatique de *Break dance*.

*B.Boy* : amateur de rap, activiste de la culture hip hop, se signale par son habillement, K.Way, chaussures de sport montantes et non lacées (*Sniker*), casquette de base-ball mal ajustée et porteuse d'inscriptions diverses, éventuellement balladeur autour du cou ou (énorme) radio-cassette sur l'épaule (*ghettoblaster*). Les membres de la Zulu Nation ou les adeptes du *raggamuffin*, peuvent avoir d'autres signes distinctifs, comme les pendentifs aux couleurs de l'Afrique. D'une manière générale, l'habillement est un code qui permet d'établir les préférences de quartier ou de rap de tel ou tel B.Boy. La lettre B est très riche en argot noir. Elle évoque ici le mot *break*, en tant que danse ; et aussi une analogie entre K.Way et B.Boy. Elle correspond enfin au désir d'identification par des formulaires où les initiales jouent un rôle stylistique important. Son origine très probable est *Break-Boy* ou *Black-Boy*. *B.Girl* s'est fait une place plus timide, encore qu'attestée.

*Beat* : le tempo, le rythme, le battement ou la mesure musicale. Totalement récupéré par le funk puis par le rap, ce mot désigne alors le rythme « noir ». Peut encore se retrouver synonyme de *break* ou de *line*.

*Boogie* : très souvent synonyme de *break dance* dans l'argot actuel du ghetto. On rencontre aussi *electric boogie,* avec le même sens.

*Break* : renvoie à la notion de danse, et particulièrement la *break dance*, qui fut la danse des premiers *B.Boys*. Emprunté au lexique du jazz, signifie encore, dans le jargon musical, une rupture de rythme conduisant généralement à une improvisation. Dans la musique reconstituée du rap, signifie parfois ligne rythmique. Désigne encore d'une manière générale, le style rap, et peut être lié dans ce cas au mot *beat*.

*Break dance* : danse qui fut, au début des années 80, le signe de reconnaissance des *B.Boys*. Elle était alors bien mieux connue du public que le rap lui-même ; la tendance s'est totalement inversée aujourd'hui. Cette manière de danser, particulièrement acrobatique, au point d'en être dangeureuse, avait un grand nombre de figures imposées ainsi qu'un style libre. *Floor lock* (danser avec les mains), le *Handglide*, le *Flow* (sollicitent le coude comme point d'appui), le *Backspin*, le *Headspin*, le *Windmill* (où l'on pivote sur l'épaule), le *Lofting* et le terrible *Suicide* étaient parmis les figures les plus connues des B.Boys. On doit comprendre *Break* pour *B* dans *B-dancers*, *B-style* et dans grands nombre d'expression et jeux de mots dans les raps. La *B-Dance* est un signe de reconnaissance dans la culture hip hop, elle en constitue un fondement originel.

*B-side* : face B d'un disque ou d'un cassette. Il faut savoir que les 45 tours de musique de danse aux Etats-Unis proposent régulièrement le « tube » sur la face A, et sa version instrumentale, que personne n'écoute jamais, sur la face B. C'est donc cet artifice commercial qui a servi les spécialistes de *dubbing* puis des *sound-systems*. Cette face B devint le réservoir de tous les piratages et de toutes les *versions*. Par extension métaphorique, la *B-side* est devenue « le bon côté des choses », « la vérité cachée » etc...

*Cut* : couper, scier. Constitue une des bases des manipulations musicales. Consiste à fragmenter une phrase musicale, comme pour la faire bagayer. On prendra garde que l'argot du ghetto se sert de *to cut* pour dire : insulter, et encore : faire saigner.

*Disc-jokey* : ou *D.J*, ou *Dee Jee*, ou *Dee Jay*. Connu depuis longtemps aux Etats-Unis comme l'animateur de stations radio. Leur élocution endiablée a sans doute influencé les jamaïcains, qui donnèrent à *DJ* le sens de responsable de l'ensemble *dubbing-talk over*. C'est Kool Herc qui fit rentrer ce mot dans le jargon du rap. Désigne aussi l'animateur de boîte de nuit. On prendra garde à son homonyme *digi*, propre au jargon reggae, et qui vient de *digital*. Une musique *digi* est une musique totalement numérisée et rendant impossible toute représentation scénique.

*Dozen* : douzaine, terme générique qui désigne l'activité ludique consistant à faire des vannes le plus souvent rimées. On compte de très nombreux synonymes, variant suivant le contexte, ou l'usage géographique. Le terme n'appartient pas au rap et n'y apparait jamais. Le blues y fait en revanche de fréquentes allusions.

*Dubbing* : gérondif de *to dub*. Création d'un fond musical à partir de disques. Cette ligne (*line*) comprend principalement des structures rythmiques basses/batterie. Etant constituée d'éléments sonores pré-existants, dont l'artiste n'est pas l'auteur, la ligne est un procédé de re-création. La qualité du rythme obtenu et l'originalité du son assurent le renom de l'artiste, qui peut en faire le support de ses fantaisies verbales ; cependant, il existe des *dubbings* purement instrumentaux. Dans cette acception, le mot est d'origine jamaïcaine et viendrait du mot *double* ; il appartient en propre à l'histoire du reggae. Avant de connaitre cette fortune, *to dub* signifiait en américain familier « doubler un film ». Les techniques du *dubbing* ont fait évolué le reggae vers ses formes les plus connues en Occident. Mais elles ne seront jamais aussi sophistiquées que celles du *scratching* ou du *cut* dans le rap.

*Fly Girl* : souvent considéré comme féminin de *B.Boy*.

*Hip hop* : désigne une culture urbaine de l'adolescence, où le rap tient une place centrale. Les *tags* et autres *grafs* sont parmis les modes d'expressions de cette culture. Si l'expression n'est pas encore répandue en France, elle l'est bien davantage aux Etats Unis. Dès les premiers raps connus, hip hop devient synonyme de rap. En Amérique, ce mot est perçu comme le résultat de l'équation : *Rap + tags + break-dance = hip hop*. Le lecteur français prendra garde de ne pas assimiler cette expression à une onomatopée. *To hip* et *to hop* ont en anglais, et en argot noir, de multiples significations. *Hip* est un dérivé de *hep*, qui en *jive talk* signifie dernier cri. Il signifie encore : compétition. *To hop*, c'est danser.

*Homeboy* : « celui qui est du même coin ». Adorateur de rap. Dans le jargon, désigne le copain, le complice par rap et quartier interposés, celui qui a la même expérience. Origine argotique noire américaine.

*House* : style musical exclusivement basé sur le piratage et le *sampling*. Principalement instrumentale, la *house* est en filiation directe du *dubbing*.

*Funk* : genre musical noir américain apparu dans années 70. Lorsqu'on l'emploie comme adjectif, désigne alors ce qui, en musique, est noir et fort. Qualité fondamentale de tout rappeur et de son style.

*Jam* : terme de jazz, moment d'improvisation collective, exécuté avec spontanéité. Le terme français est assez connu, et a d'ailleurs dépassé le cadre du jazz : faire le boeuf. Introduit dans le jargon hip hop, signifie rapper, principalement lors d'une joute. C'est l'intervention d'un rappeur.

*Jive talk* : argot noir qui fit florès dans les années cinquante par son intrusion dans la musique. Les linguistes ne se sont pas encore prononcés sur le statut du *jive*, dialecte ou argot ? La tendance argotique parait cependant assez nette ; *foe*, l'ennemi, en anglais standard, se dit *ofay* en *jive* (cela désigne le Blanc). Le philologue américain David Dalby soutient pour sa part une origine mandingue, comme pour d'autres mots du *jive*.

*Line* : la ligne musicale caractéristique d'un DJ. Elle constitue une bonne part de sa performance sonore et de son style.

*MC* : *Master of Ceremony*, maître de cérémonie. Titre de gloire pour tout rappeur, le *MC* est le champion de l'improvisation verbale ; c'est lui qui traditionnellement tient le micro du *soundsystem*. A donné le verbe *to eemcee*.

*Mike, Mic ou Microphone* : le micro par lequel s'exprime le rappeur. Objet vénéré, donne lieu à de nombreuses métaphores ou périphrases, telle *to be on the mic*, être au micro, qui doit être comprise comme : rapper.

*Raggamuffin* : mot qui renvoie explicitement aux première formes de *reggae*. Le mot *reggae* est d'ailleurs l'abréviation de *raggamuffin*, qui se décomposerait à l'origine en rag (hardes) + muff (vaurien). Cette indication est donnée par Constant, 1982. A noter qu'en américain familier courant, ce mot se traduit par « vaurien ». Dans le jargon rap, désigne un style particulier, qui se distingue principalement par son élocution. Ce sens est donc dérivé du premier, d'origine jamaïcaine. Il désigne ainsi un genre plus récent que le toast.

*Riff* : terme emprunté au jargon du jazz ou à celui du hard-rock : courte intervention d'un soliste instrumentiste. Désigne aussi celle du *scratcher*. Il s'agit dans ce cas d'un *riff* pseudo-instrumental, mais qui garde toute sa valeur rythmique.

*Rude boy* : désigne l'adepte jamaïcain de reggae.

*Sample :* échantillon sonore. Technique sophistiquée d'enregistrement en studio qui consiste à se servir d'un court extrait d'un disque pour l'utiliser à des fins de récupérations. Véritable piratage, donna lieu à de nombreux procès pour droits d'auteurs. Il semble aujourd'hui que le *sampling* soit passé en force dans les moeurs du *copyright*. Constitue une véritable révolution musicale, qui remet en valeur la notion d'architecture musicale et de création.

*Scratch* : technique qui consiste à manipuler les disques sur les platines. Produit des effets sonores inattendus et surtout un rythme dont la qualité fait la renommée du *scratcher*. Grandmaster Flash et Afrika Bambaataa furent de très grands *scratchers* et fixèrent quelques unes des règles du genre. Sans doute inventé par DJ Theodor (Theodore Livinstone) en 1978.

*Slam* : souvent synonyme de *break dance*.

*Sound-system* : Ensemble de sonorisation, qui dans sa version la plus rudimentaire comprend deux platines (*turntables*) pour disques, des amplificateurs et un micro. Directement issu des *disco-mobiles* jamaïcaines, le *sound-system* appartient à l'époque héroïque du rap, où l'on rappait dans les rues et les parcs publics, dès 1974. On le retrouve encore dans les concerts, mais sous une forme sophistiquée qui n'a plus rien à voir avec les ensembles des origines. Système d'armes du D.J., le *sound-system* donne lieu à toutes les manipulations de disques.

*Tag* : inscription murale, faite avec une bombe, et portant principalement le nom du tagger, ou celui de sa « famille ». Cette pratique est un trait spécifique de la culture hip hop.

*Talk-over* : le fait de parler par dessus une ligne de *dubbing*. Acception d'origine jamaïcaine, bien passée dans le jargon du rap américain. Son usage reste cependant rare, le verbe *to rap* étant suffisant. Peut être considéré comme synonyme de *toaster*.

*Timing* : mot connu en français (franglais ?). Une des qualités majeures du rappeur qui doit coller son élocution au plus près de la musique du *sound-system*. Nécessite beaucoup d'entraînement.

*Toasting* : le salut, ou art de parler-chanter par dessus une ligne de *dubbing*. Se traduit en américain par *to rap*. Appartient exclusivement à la culture reggae. Très sollicité par les critiques lorsque l'on parle des sources du rap. Existait déjà dans le vocabulaire noir américain, et signifiait poursuivre une joute en *dozens*.

*Version* : terme d'origine jamaïcaine, signifie re-créer une ligne musicale, un son, à partir du *dubbing*. Implique une totale réappropriation du résultat obtenu, en dépit du matériau sur lequel on n'a aucun droit (en général une *side-B*). Le mot et sa signification sont passés tels quels dans le jargon hip hop.

# BIBLIOGRAPHIE

Abrahams (R.D.), Playing the dozens, *Journal of american folklore*, 75, 1962

Abrahams (R.D.), *Deep down in the jungle*, Chicago, Adline Publishing Company, 1973

Abrahams (R.D.), Rapping and capping : black talk as art, in *Black America*, ed. Szwed (J.F.), New York, Basic Books, 1970

Adinolfi (F.), *Suoni dal ghetto*, Genova, Costa & Nolan, 1989

Azoulay (P.) et Perrot (C.), Délires, la saga des deejays, *Actuel*, n° 133-134, juillet-août 1990

Baker (H.A.), *Long black song*, Charlottesville, University of Virginia, 1972

Backmann (Ch.) et Basier (L.), Junior s'entraîne très fort ou le smurf comme mobilisation symbolique, *Langage et Société*, n° 34, décembre 1985

Baldwin (J.), Chronique d'un pays natal, Paris, NRF Gallimard, 1973

Balmir (G.C.), *Du chant au poème, essai de littérature sur le chant et la poésie populaires des noirs américains*, Paris, Payot, 1982

Bastide (R.), *Les Amériques Noires*, Paris, Payot, 1967.

Bernheim (N.), Que sont les activistes noirs devenus, *Les Temps Modernes*, n° 485, décembre 1986

Brignaudy (F.) et Remi (J.), Planète noire, *Best*, n° 263, juin 1990

Brown (R.), *Crève, sale nègre, crève*, Paris, Grasset, 1970

Cachin (O.), Rap mode d'emploi, *Rock & Folk*, n° 277, juillet-août 1990.

Carles (Ph.)/Comolli (J. L.), *Free Jazz-Black Power*, Paris, 10/18, 1971.

Chapman (R.L.), *The Dictionary of american slang*, London, Pan Books, 1987.

Chenu (B.), *Dieu est noir, Histoire, religion et théologie des Noirs américains*, Paris, Le Centurion, 1977.

Collectif, Le Rap., poésie orale, *Rap. interfacs,* spécial, juin 1990.

Collectif Culture Hip. Hop., *Rap. interfacs,* n° spécial, juin 1990.

Cone (J. H.), *Black theology and Black Power,* New York, Seabury, 1969.

Cone (J. H.) et Wilmore (G. S.), *Black theology, a documentary history 1966-1979.* New York, Orbis Books, 1979.

Cone (J. H.), *La noirceur de Dieu,* Genève, Labor fides, 1989.

Constant (D.), *Aux sources du reggae,* Paris, Parenthèses, 1982.

Dollar (J.), The dozens : the dialect of insult, *American Image,* 1 :3-24, 1939.

Eshetu (T.), I sound system overro l'arte di suonare i dischi, in Christante (S.) et alt., *La rivolta del stilo,* Milano, Arci/Metroplidea, 1983.

Garfinkel (H.), *Studies in ethnomethodology,* 1987.

Garland (P.), *Les dieux du soul,* Paris, Buchet-Chastel, 1972.

Gatti (C.), Delle gangs di strada alla cultura Hip Hop, in Cristante (S.) et alt., *La rivolta del stilo,* Milano, Arci/Metropolidea, 1983.

Gumperz (J.), Ethnic style in political rhetoric, in *Discourses strategies, Studies interactionnal sociolinguistics,* 2, New York, Cambridge University, 1982.

Hager (S.), *Hip Hop,* New York, St Martin's Press, 1984.

Hedbige (D.), Cut 'n' mix culture, *Identity and Carribean music,* London, Methuan and Co, London, 1987.

Hewitt (P.) et Westwood (T.), *Rap, Beats of the rhyme,* London, Omnibus Press, 1989.

Hirshey (G.), *Nowhere to run, the story of Soul Music,* London, Pan Books, 1985.

Huston (N.), *Dire et interdire,* Paris, Payot, 1980.

Jones (L.), *Musique noire,* Paris, Buchet-Chastel, 1969.

Jones (L.), Entretien avec Amiri Baraka, *Les temps modernes,* n° 485, décembre 1986.

Labov (W.), *Le parler ordinaire,* Paris, Éd. Minuit, 1978.

Lanzmann (J.), sous la dir. de, *Édition Spéciale, le Rapport Noir* (US. Riot Commission Report, trad. Y. Malartic), Paris, Éditions Premières, 1968.

Lapassade (G.), *La transe,* Paris, P.U.F., coll. Que sais-je, 1990.

Lapassade (G.), Le rap. français : L'ère de la reconnaissance, *Le Matin Magazine,* 22-29 juillet 1990.

Lerner (G.), *De l'esclavage à la ségrégation, Les femmes noires dans l'Amérique des Blancs,* Paris, Denoël/Gonthier, 1975.

Levet (J. P.), *Talkin' that talk,* Paris, Soul Bag, CLARB, 1986.

Major (C.), sous la direction de, *Black slang, a dictionary of afro-american talk,* London, Routledge & Keagan, 1977.

McCann (I.), Music Works, *The Face,* n° 19/april 1990.

Montagu (A.), *The anatomy of swearing,* London, Rapp & White, 1967.

Nettl (B.), *Si l'Amérique m'était chantée,* Paris, Nouveaux horizons, 1978.

Ox (Ph.), Banlieues Hot, *Rock & Folk,* n° 277, Juillet-Août 1990.

Robert-l'Argenton (F.), Graffiti : tags et grafs, *Documents de travail du Centre d'Argotologie,* Université Paris V, n° 10.

Roberts (D.), Une réponse créative au racisme : la théologie noire, *Concilium,* n° 209, 1987.

Rosenberg (A.), *The art of the american folk preacher,* New York, Oxford University Press, 1970.

Rousselot (Ph.), To beat or not to beat, *Documents de travail du Centre d'Argotologie,* Université Paris V, 1989, n° 9.

Rousselot (Ph.), Pourquoi la musique noire américaine, *Documents de travail du Centre d'Argotologie,* Université Paris V, 1990, n° 10.

Smith (V. K.), *Lenny [Bruce],* London, Tandem Books, 1975.

Smitherman (G.), L'anglais noir et l'expérience afro-américaine, *Les Temps Modernes,* n° 485, décembre 1986.

Sorman (G.), La révolution conservatrice américaine, Paris, Fayard, 1983.

Southern (E.), *Histoire de la musique noire américaine,* Paris, Buchet-Chastel, 1976.

Stewart (W.), Toward a history of negro dialect, *Language and poverty,* éd. Williams (F.), Chicago, Markham, 1970.

Stone (L.), On the principal Obscene word of the English language, *International Journal of Psycho-analysis,* XXXV, 1954.

Taylor (C.), Vedettes noires et politique culturelle, *Les temps Modernes,* n° 485, décembre 1986.

Toop (D.), *The rap attack/African jive in New York Hip Hop,* Boston, South End Press, 1984.

Turner (H. M.), God is a negro, in Bracey (J. H.) sous la dir. de, *Black nationalism in america,* New York, Bobbs & Merill, 1970.

Young (I.), Les panthères noires et la langue du ghetto, *Esprit,* n° 386, octobre 1970.

Young (J.), L'exode, paradigme pour la théologie noire, *Concilium,* n° 209, 1987.

Zumthor (P.), *Introduction à la poésie orale,* Paris, Seuil, 1983.

**Discographie**

**Rap :**

Cette discographie est sélective. Elle tient compte à la fois de la variété des genres et des styles ainsi que de la continuité et des ruptures historiques.

Above The Law, *Livin' Like Hustlers*, Ruthless/Epic

Afrika Bambaataa, *Beware (The Funk is Everywhere)*, Tommy Boy Records, TLP 1008

Afrika Bambaataa, *Unity*, Tommy Boys Records

Afrika Bambaataa and the Soul Sonic Force, *Planet Rock*, Tommy Boys Records

Afrika Bambaataa and Family, *The Light*, EMI, C1-90157

A Tribe Called Quest, *People Instinctive Travels And The Path Of Rhythm*, Jive/BMG

BDP, *By All Means Necessary*, Jive/BMG

BDP, *Edutainment*, Jive/BMG

Beastie Boys, *Beastie Boys*, Def Jam, Deg 460949

Blowfly, *Funk You*, Vol 4, Metrovinyl, FY-8401

Boogie Down Productions, *Ghetto Music : The Blueprint Of Hip Hop*, Jive/BMG

Collectif, *Hard as Hell 3*, Music of Life Records, MODEF-3CD

Collectif, *Mixdown*, Sleeping Bag/Vogue

Collectif, *Rapatittude*, Virgin, 30767

Collectif, *Rhyme Syndicate Comin' Through*, Warner Bros., 925774-1

Collectif, *Yo Rap*, CBS, 467335

Def Jam Records, *Classic Vol.1*, Def Jam, FC 45035

De La Soul, *3 Feet Hight and Rising*, BCM Records, 33195

Digital Underground, *Sex Packets*, Tommy Boy, Eurobond

Digital Underground, *The Way We Sing*, Eurobond

Divine Styler Featuring the Scheme Team, *Word Power*, Epic, 466145

D.J. Jazzy Jeff and the Fresh Prince, *He's the D.J. I'm the Rapper*, Jive/BMG

D-Mob, *A Little Bit of This, a Little Bit of That*, Polygram, 828 159

Donald-D, *Notorious*, CBS Records, 466087 4

Doug E. Fresh, *La Di Da Di*, Chrysalis, CHSC 397

Dr Jekill & Mr Hyde, *Fast life*, Profile

Eric B. & Rakim, *Paid in Full*, Island, BRLP 514

Eric B. & Rakim, *Follow the Leader*, MCA, 255 711

Fat Boys, *On and On*, Polydor, 838 867

Fat Boys, *Comin' Back Hard Again*, Polydor, 835809

Grandmaster Flash, *Ba-Dop-Boom-Bang*, Elektra, 960723-1

Grandmaster Flash, *The Source,* Elektra, 960476-1

Grandmaster Flash, *They Said It Couldn't Be Done*, Elektra, 60389-1

Grandmaster Flash and the Furious Five, *Greatest Messages*, Sugarhill Records, SHX 201

Grandmaster Flash and the Furious Five, *The Message*, Sugarhill Records, ZL 619

Grandmaster Flash and the Furious Five, *White Lines (Don't Don't Do It)*, Sugarhill/Vogue,722001

Ice-Cube, *AmeriKKKa's Most Wanted*, Priority

Ice-T, *Power*, Sire, 9 25765-2

Ice-T, *The Iceberg/Freedom of Speech... Just Watch What You Say*, Sire/WB, 9 26028

Jazzy Jeff and the Fresh Prince, *And in this Corner*, Jive/BMG

Jungle Brothers, *Straight From the Jungle*, Warlock

Jungle Brothers, *Done by the Forces of Nature*, WB, 9 26072-4

Just-Ice, *Back to the Old School*, Fresh Records, LPRE-1Y

Keith Le Blanc, *No Sell Out*, Tommy Boy Records

Kool Moe Dee, *Knowledge is King*, Zomba Recordings, ZD 74195

Kool Moe Dee, *Cold Facts*, Jive (BMG).

Kurtis Blow, *The Breaks*, Polygram, 6337 137

Kurtis Blow, *Back by Popular Demand*, Polygram, 834 692

Lionel D., *Y A Pas De Problème*, Squatt/CBS, 466820

L.L.Cool J., *Bad*, Def Jam, Def 450515

Mantronix, *In Full Effect*, 10 Records, DixCD74

Mantronix, *The Best of Mantronix*, Virgin

M.C. Lyte, *Lyte as a Rock*, Atlanyic, 90905

(Music from), *Do The Right Thing*, Motown, ZD 72665

(Music From), *Colors*, WEA

N.W.A., *Straight Outta Compton*, Ruthless Records, 210 286

Professor Griff and the Last Asiatic People, *Pawns in the Game*, Accord, 105802

Public Enemy, *It Takes a Nation to Hold Us Back*, Def Jam, Def 4624152

Public Enemy, *Yo ! Bum Rush The Show*, Def Jam, 4050658

Public Enemy, *Fear of a Black Planet*, Def Jam, 466281

Queen Latifah, *All Hail The Queen*, IES/Wotre Music

Rap Trax 1 Compilation, *Rap Sound of Chicago*, Trax Records, 760198

Redhead Kingpin, *A Shade of Red*, Virgin

Redhead Kingpin and the FBI, *Do the Right Thing*, Virgin

Roxanne Shantè, *Have a Nice Day*, Cold Chillin'

RUN-DMC, *King of Rock*, Profile, PRO 1205 B

RUN-DMC, *Raising Hell*, Profile, 828018

RUN-DMC, *RUN-DMC*, Profile, PRO 1202 A

Salt-N-Pepa, *A Salt With a Deadly Pepa*, London, 828 102-4

Spoonie Gee, *The Godfather of Rap*, Tuff City Records, TUF LP 5551

The Boogie Brothers, *Survival of the freshest*, EMI, ST-12488

The Last Poets, *The Last Poets*, Celluloid, Cell 6101

The Stereo MC'S, *33 45 78*, Island Records, 260 055

The Stop The Violence Movement, *Stop The Violence,* Jive, BDPST 1

The Sugarhill Gang, *Rapper's Delight*, Vogue, 600281

The Wee Papa Girl Rappers, *The Beat, The Rhyme, The Noise,* Jive/BMG

Tony Scott, *The Chief*, BCM/Wotre Music

2 Live Crew, *We Want Some Pussy*, Revenge

2 Live Crew, *As Nasty As They Wanna Be*, Musidisc

UTFO, *Roxanne Roxanne*, Track Records

Whodini, *Whodini*, Jive, JVL 5088

Whodini, *Open Sesame*, Jive/BMG

Word 4, *The World is Rap*, Jive/BMG

Word Power, *Snap*, BMG, 260 682

Young M.C., *Stone Cold Rhyming*, Island Records, 410 315

YZ, *Sons of the Fathers*, Tuff City Records/Wotre Music

X Clan, *To The East Backwards*, 4th & B'Way/Wotre Music

**Reggae :**

De l'abondante discographie du reggae, nous proposons cet échantillon, où l'on pourra trouver un son et un propos typiques de ce genre, ainsi qu'une fidélité marquée aux techniques du *dubbing* et du *toasting*.

Bob Marley, *Rastaman Vibration*, Islands Records, ILPS, 19383

Bob Marley and the Wailers, *Rasta Revolution*, Trojan, TRLS 89

Bob Marley and the Wailers, Featuring Peter Tosh, *Birth of a legend*, Calla 34759

Bob Marley and the Wailers, Featuring Peter Tosh, *Early Music*, Calla, ZX 34760

Collectif, *In the Land of Reggae*, Soul Posters, Vol 2, SP 2031

Jimmy Cliff, *Another Cycle*, Island 9123043

Peter Tosh, *Bush Doctor*, Pathé marconi, 2C 068 61708

Max Romeo, *War Ina Babylon*, Island 9101 670

Musical Youth, Different Style, MCA, 25-0381

The Cimarons, *On The Rock*, Soul Posters, SP 2096

The Upsetters, *Double Seven*, Trojan, TRLS

**Soul, Rhythm & Blues, Funk :**

Une discographie encore plus imposante que celle du rap et du reggae réunis. Cette sélection devrait permettre de déceler sans difficulté les influences directes et, pour les disques les plus récents, réciproques.

Eart, Wind and Fire, *All 'n' All*, CBS, 82238

Earth, Wind and Fire, *Touch the World*, CBS, 460409

George Clinton, *R&B Skeletons in the Closet*, EMI, SSSST-12481

George Clinton, *The cinderella Theory*, Paisley Park, 925994

Herbie Hancock, *Lite Me Up,* CBS, 40-32474

Isaac Hayes, *Hot Buttered Soul*, Stax, SXE 005

Isaac Hayes, *To Be Continued*, Enterprise, IS 1014

James Brown, *Best on the Good Foot*, Polydor, 2675054

James Brown, *Soul Syndrome*, Vogue, VG 540001

James Brown, *Body Heat*, SR, SR 2536

James Brown's Funky People, *Funky People*, Polydor, 829 417

Funkadelic, *One Nation Under a Groove*, WB, BSK 3209

Parliament, *Mothership Connection*, Vogue, B.VABC 70013

Parliament, *Chocolate City*, Vogue, B.VABC 70012

Zapp, *V(ibe)*,Reprise, 7599-25807

### Filmographie

La filmographie du rap est très réduite. Une absence compensée par la qualité des trois principaux films présentés ici.
*Colors*, en 1988, de Dennis Hooper, constitue la première apparition à l'écran du rap. Il y est directement associé à la notion de guerre des gangs et de violence désespérée. Ce film met en scène les ghettos de Californie et non pas de New York.
*Do The Right Thing*, en 1989, de Spike Lee, est un film dur et stylisé sur la vie du ghetto. Le rap y tient une place importante, notamment par le fameux *Fight The Power* de Public Enemy, qui occupe tout le générique. Ce film, où la gouaille et le désespoir se disputent la vedette, a fait de son réalisateur une idole des rappeurs américains. Point important, ce film est fait par un noir et parle des noirs ; pour beaucoup, il fait partie de la culture hip hop.
*The King of New York*, en 1990, d'Abel Ferrara , est un film policier : il ne présente aucune thèse particulière. Le rap y tient une place importante, ainsi que les voyous noirs et leur vocabulaire. Là encore, le rap est associé

au désespoir, dans un film où tous les personnages inscrits au générique meurent sans exception. Film brillant et volontairement ambigu, qui place le rap dans le monde de la délinquance et du ghetto.

D'un point de vue documentaire, il faut signaler la cassette vidéo de Public Enemy, *Fight The Power, Live*, CMV 49020 2 (1989). Elle donne une idée de l'humour provocant de ce groupe extraordinaire. Les extraits de clips vidéo ( avec mise en scène) sont évidemment plus intéressants que les images du concert lui-même.

Les Fat Boys, enfin, viennent de donner une cassette vidéo, *3x3*, Polygram Music Video.

Signalons enfin un excellent téléfilm français, *Taggers,* de Cyril Collard (scénario de Marc Villard), passé sur Antenne 2 le 2 septembre 1990. Là encore, rap et violence. Se situe dans le milieu Zulu de Lyon.

L'IMPRESSION ET LE BROCHAGE DE CET OUVRAGE
ONT ÉTÉ RÉALISÉS PAR L'IMPRIMERIE
TARDY QUERCY (S.A.)
46001 CAHORS

N° d'impression : 0761A
Dépôt légal : septembre 1990
*Imprimé en France*